大学体育与健康理论基础

主　编　刘　伟　郁超然　李海芸

副主编　雍丽明　蔡阜生　闻年富
　　　　张　健

师范高专公共课教材

南京大学出版社

图书在版编目(CIP)数据

大学体育与健康理论基础 / 刘伟，郁超然，李海芸
主编. -- 南京：南京大学出版社，2024.8. -- ISBN
978-7-305-28366-6

Ⅰ. G807.4；G647.9

中国国家版本馆 CIP 数据核字第 20240EK047 号

出版发行　南京大学出版社
社　　址　南京市汉口路 22 号　　邮　编　210093

书　　名　**大学体育与健康理论基础**
　　　　　DAXUE TIYU YU JIANKANG LILUN JICHU
主　　编　刘　伟　郁超然　李海芸
责任编辑　丁　群　　　　　编辑热线　025－83686756

照　　排　南京布克文化发展有限公司
印　　刷　南京新世纪联盟印务有限公司
开　　本　787mm×1092mm　1/16　印张 11.5　字数 280 千
版　　次　2024 年 8 月第 1 版　2024 年 8 月第 1 次印刷
ISBN 978-7-305-28366-6
定　　价　42.00 元

网　　址　http://www.njupco.com
官方微博　http://weibo.com/njupco
官方微信　njupress
销售咨询热线　025－83594756

Preface

前　言

本教材坚持"以学生为本，健康第一"的指导思想，是以科学的发展观为依据，根据教育部颁发的《全国普通高等学校体育课程教学指导纲要》而编写，供幼儿师范高等专科学校学生使用的公共体育课程教科书。分上下两册，上册为《大学体育与健康理论基础》，内容有健康体育篇和幼儿体育篇；下册为《大学体育与健康运动实践》，包括田径、篮球、足球、排球、羽毛球、网球、乒乓球、武术、女子防身术、跆拳道、健美操、排舞、体育舞蹈、瑜伽、拓展训练、攀岩运动、花样跳绳、击剑、极限飞盘、轮滑、游泳21项运动的实践内容。教材各章内容重点突出，文字简洁，图表恰当，通俗易懂，便于自主学习。教师在组织体育课教学时可根据各年级学生的实际水平，有计划、有选择地使用。

本教材遵循健康性、兴趣性、科学性和发展性等编写原则，理论基础部分既注意保持体育理论知识体系的系统完整，又注重幼师生知识水平和实际应用需要；运动实践部分力图突破竞技运动体系的框架，以健身、娱乐、休闲的指导思想组织教材体系，同时考虑到幼师生未来岗位工作的需要和终身体育的需求，对各类体育项目的基本内容、方法和学法指导有所侧重，力求贴近新课程改革的要求，较好体现师范体育教育的双重目标。

本教材具有以下两个特色：一是具有职业性，本书依据高等职业院校的教学特点，立足本位，重视体能教育，在引导学生练好基础体能的同时，提高其职业技能；将体育与职业素质融为一体，引导学生为终身体育和未来所从事的职业打好身体基础，帮助学生在体育锻炼中享受乐趣、增强体质、健全人格、锤炼意志。二是具有思想性，本书以"立德树人，健康第一"为指导思想。其中，体育与健康理论基础可引导学生重视健康，促进学生养成健康的生活方式，掌握科学的体育锻炼方法，树立终身体育意识。在体育与健康运动实践中，教材通过对各类体育运动项目的介绍，激发学生的体育运动兴趣，培养其规则意识、团结拼搏精神和顽强的意志品质。根据教材，总体上形成"健康知识＋基本运动技能＋专项运动技能"的学校体育教学模式。

由于编写人员水平有限，若本书有不妥之处，恳请广大读者给予批评和指正，以便我们今后对本书进行修订和完善。

编者
2024 年 6 月

Contents

目　录

健　康　体　育　篇

幼　儿　体　育　篇

健康 | 体育篇

第一章 体育与健康教育

第一节　体育概述

一、体育的概念

"体育"一词最早出现于 19 世纪。19 世纪末至 20 世纪初,这一概念从日本传入中国,而日本则是从西方引进的。体育是一种社会活动,它产生于劳动过程之中。在英语中,体育被称为"physical education",直译为"身体的教育"。随后,又有"sport""game""athletics"等词汇,分别译为"运动""比赛"等含义,它们包括了竞技运动和非竞技运动,并具有游戏和娱乐的性质,具有观赏和娱乐的价值。

广义的体育,亦称为体育运动,是人们根据社会生产和生活的需要,遵循人体生长发育和机能活动规律,以运动动作作为基本手段,旨在增强体质、提高运动技术水平、丰富文化生活而进行的一种有意识、有组织的体育活动。体育属于社会文化教育范畴,已成为现代文明的重要组成部分。它受到一定社会政治经济的影响和制约,同时也为一定社会的政治经济服务。广义体育的范围涵盖三个组成部分:学校体育、群众体育和竞技体育。

二、体育发展概况

(一) 我国体育的发展

我国的体育是随着社会的发展而发展的。夏、商、周时代,由于奴隶主阶级的统治需要和频繁的战争,刺激了军事武艺的发展和对军队身体训练的重视,一些与军事有关的体育项目如射、御、角力、拳击、奔跑、跳跃、剑术及其他武艺都很盛行。随着社会经济文化的发展,特别是文字的出现,产生了学校体育,有关体育的内容也有了文字记载。周代学校教育实行文武结合,主要内容是礼、乐、射、御、书、数,其中射、御和乐中的舞都包含体育的因素。同时,奴隶主阶级为了满足自己享乐的需要,发展了一些娱乐性的体育活动,如泛舟、划船、打猎,等等。

春秋时期社会动荡，出现了许多思想家、政治家和军事家，他们的哲学思想、军事思想、教育理论、体育实践对这一时期的体育活动具有很大的推动作用。例如，孙武的《孙子兵法》就包括了不少有关身体训练的体育内容。孔子除了在他兴办的私学中进行六艺教育外，还主张学生进行郊游和游泳。他本人也爱好射箭、打猎、钓鱼、登山等体育活动，并注意卫生保健，因而身体强健。

战国时期奴隶制崩溃、封建制确立，新兴地主阶级正处于上升阶段，对社会的发展起着进步作用。各国在变法中都很注重尚武，提倡结合军事训练开展体育活动，诸子百家也多提倡讲武，如墨子主张把射、御定为贤士的标准，依此予以赏罚等。由于社会政治、经济的迅速发展，城市繁荣，医学、养生学和民间的体育活动也得到了一些发展，民间的体育娱乐非常活跃。

汉代，由于政策宽松，人民得以休养生息，出现了政治巩固、经济文化繁荣的"文景之治"。为了抵御外来侵扰，需要加强军备，使人民强身祛病，最终促使汉代体育在先秦体育的基础上获得了很大的发展。以士兵为主的军事体育，如骑射、刀术等武艺有了很大的发展；以健身为主要目的的医疗体育，如导引养生、五禽戏等也出现了，特别是名医华佗所创的五禽戏，根据人体结构和血脉流通的生理机制，通过模仿虎、鹿、熊、猿、鸟的动作活动身躯，促进体内血气运行，颇有强身祛病的价值，成为我国古代医学和体育的宝贵遗产。由于汉代物质基础雄厚，宫廷和民间的娱乐性体育活动丰富多彩，名目繁多。角抵戏兴盛于世，包括角抵（包括角力、摔跤等）、杂技（倒立、爬绳、爬竿、柔术等动作）、舞蹈（剑戟舞、蹴鞠舞等），以及秋千、舞龙、耍狮、高跷等活动。这些活动有的逐渐发展成竞技运动项目，有的至今仍是民间喜爱的身体娱乐活动。

两晋南北朝时期出现了混乱、分裂的局面。在体育方面，汉代那些能促使人民强身祛病的、活动量大的项目如角抵、蹴鞠等被废弃，而那些可供统治者享乐的歌舞、百戏等项目得到提倡，致使体育走上歧途，但相应地也促进了娱乐性体育和养生的发展。

在我国封建社会的中期即隋、唐、五代时期，体育迅速发展。特别是唐朝，由于加强了中央集权制，全国实现了统一，社会安定、经济发达、繁荣昌盛的局面保持了一百多年，在这种社会条件下，体育的发展也出现了空前的繁荣景象。在军事上实行府兵制，规定"凡民二十为兵，六十而免"，并且通过练兵讲武活动，使一般男性农民都受到了严格的军事训练。考试制度上，武则天首创了武举制度，提倡考武状元，这一制度的实行大大鼓励了民间练武之风，对体育的发展也起了很大的促进和推动作用。隋唐时期的体育活动的特点是范围广、规模大，上起宫廷，下至文官武将、平民百姓，如隋炀帝召集全国体育、杂技、乐舞能手综合表演的角抵大戏"经月而罢"，相当于举办了一次全国运动会。唐时期的生产技术的提高，促进了体育场地和器材的改进，充气的足球和球门出现，用油料浇筑球场。体育运动项目繁多，技艺高超，仅球类运动就有马球、蹴鞠、步打球、十五柱球、踏球、抛球等。同时，医学和各种养生术都有新的发展，特别是我国古代伟大的医学家孙思邈的著作中关于养生、导引、按摩的理论，对当时和后世都有不可忽视的贡献。在军事武艺方面，骑射、剑术、角抵、硬气功等，不论是教习方法还是技艺水平，都较汉代有了发展和提高。另外，民间体育活动如拔河、秋千、竞渡、滑雪、滑冰、登高、射鸭（一种嬉水活动）、棋类等也都非常盛行。

到了宋、元、明、清时代，体育随着社会的变革而发展变化。北宋时代，沿袭了武举制度，并在王安石变法中提倡富国强兵，这些举措对体育的发展起到了刺激作用。明代开国皇帝朱元璋设立武举、建立武学，仿效古代的寓兵于农政策，实行卫所制度，提倡"农时则耕，闲时习武"，因此粮食充足、兵力强大，武艺也达到了高水平。清初为了抵御沙俄的侵略，实施了讲武绥远、御敌防疆的政策。在康乾盛世，考试制度上继续沿袭武举制，甚至规定文科考试中先考骑术，不合格者不得参加笔试；练兵制度也相对完善，因此不仅军队精悍，民间也涌现出许多武艺高强的名人壮士。在明清时期，少林寺的发展以及民间十八般武艺体系的形成，推动了中国武术的新高潮。然而，乾隆之后，政治腐败，民不聊生，尤其是鸦片战争之后，鸦片大量流入，严重毒害了人民的身体健康。加之清朝中央政府为了维护统治，实行"禁民习武"的政策，导致民族体质日益衰退。

1949 年中华人民共和国的成立，为体育运动的发展开辟了广阔的前景，体育运动在整个国家的地位得到大大提高。1949 年 9 月，在中华人民共和国成立前夕通过的中国人民政治协商会议共同纲领中就明文规定"提倡国民体育"。10 月开国大典刚结束，就在北京召开了全国体育工作代表大会，并及时地将"中华全国体育协进会"改组为"中华全国体育总会"。中央人民政府副主席朱德出席了大会，并作了重要讲话。1950 年，毛泽东亲自为新中国第一本体育杂志《新体育》题了刊头。1952 年为了祝贺中华全国体育总会第二次会议的召开，毛泽东为大会作了"发展体育运动，增强人民体质"的题词，朱德作了"普及人民体育运动，为生产和国防服务"的题词。1952 年 11 月，中华人民共和国体育运动委员会成立，随后各省、市、自治区及地、县的体育运动委员会也陆续建立。紧接着，中国体育科学学会和协会、地方体育科学学会和协会及单科学会相继成立，政府机构、社会组织和群众团体互相配合，形成了一个领导和管理我国体育运动的完整体制。由于党和政府对体育的重视，体育工作者的社会地位逐渐提高，体育工作者当选为全国人民代表大会的代表逐渐增多。随着人民的物质文化生活水平的提高，群众性的体育活动也得到了全面的发展。特别是党的十一届三中全会以来，体育呈现了新的发展势头，在公园、校园、街头及体育场所里到处可见做操、跑步、打球、游戏等各种体育活动，武术热、健身操热、健美操热更是一浪高过一浪，人民的精神面貌发生了根本性的变化。体育已逐渐成为当今人们日常生活所不可缺少的重要组成部分。

（二）国外体育的发展

古希腊灿烂的文化、发达的哲学思想和教育思想，带来了体育的繁荣。那时兴建了许多规模宏大的体育设施，成就了一批优秀的运动员，增强了国民的体质，出现了经济、文化和体育的繁荣。古希腊哲人亚里士多德第一个从理论上论证了体育、德育、智育的关系，主张国家应负责对儿童进行公共教育，使他们的身体、道德和智慧得以和谐发展。

古希腊时期，城邦间的频繁军事冲突促使各城邦重视体育，其中斯巴达人尤为突出。斯巴达人不仅重视尚武教育，也非常注重优生。在尚武教育的影响下，他们培养出了身体强壮、刻苦耐劳、勇敢善战的战士。斯巴达人对青年的身体训练给予了极大的关注，这使得他们在古代奥运会上保持了长达数百年的垄断地位。同时，他们的士兵以精悍骁勇著称，称霸希腊。

在中世纪,欧洲进入了黑暗的封建社会阶段,体育发展倒退,反对舞蹈和其他身体活动。14~15世纪意大利的文艺复兴运动,在教育思想方面重视对儿童的身体教育,主张把读书和运动结合起来;在体育方面,要求继承古希腊的体育遗产,赞赏斯巴达的军事体育,推崇柏拉图的关于开设体操课程的主张。文艺复兴以后,第一个倡导"三育"的英国哲学家、教育家洛克,明确地把教育分成体育、德育、智育三部分,主张在宫廷学校中开设体育课程。

18世纪启蒙运动的代表人物,法国的启蒙思想家、哲学家、教育家、文学家卢梭主张在教育上要顺应儿童的本性,让他们身心自由发展,从此古希腊的体育思想又得以复苏。19世纪,西欧由于资本主义发展的不平衡和民族主义的兴起,各国之间接连不断地发生战争,许多国家都蒙受战争失败的屈辱。这些失败刺激各国要重建军备,并认识到对人民进行身体训练,使之适应服兵役需要的重要性。正是出于强国强民的需要,各国对体育的重视程度普遍加强,因此相继出现了体育领袖和体育著作。这些体育思想和著作不仅受到本民族的欢迎成为本国人民的财产,而且逐渐流传到各大洲,推动了世界体育运动的发展。

正当欧洲各国纷纷采用德国和瑞典体操时,英国凭借其独特的社会条件,兴起了符合本民族特点的户外运动、娱乐和竞技运动,形式丰富多彩,包括射箭、羽球、板球、保龄球、曲棍球、橄榄球、足球、游泳、网球、划船、田径、高尔夫球、登山、滑雪、滑冰等。随着英国殖民主义的扩张及斯宾塞著作的流传,这些运动逐渐在其他国家得到传播。

20世纪,现代科学技术的迅速发展影响了整个社会生活和人们的生命活动。随着社会现代化水平的不断提高,体育的社会价值和地位也日益得到提高。由于体育具有独特的、多方面的社会功能,因此逐渐成为各国政府特别是一些国家领导人和政界人物特别重视的一项社会活动。激烈的国际比赛所产生的巨大影响,促使各国政府不得不以更加积极的态度来支持体育运动,体育已被纳入各国政府的工作日程和各国的学校教育制度之中,各国把体育列为学校的必修课。

竞技运动在许多国家迅速渗透到人们生活的各个领域,日益成为人们最感兴趣的社会活动之一,特别人们是在重大国际比赛中所表现出来的热情,更是达到了狂热的地步。1972年慕尼黑奥运会期间,有10亿人通过电视观看了奥运会的各个比赛场所。10年后的1982年,第11届世界杯足球决赛时,就有一百多个国家出高价购买电视转播权转播比赛实况,12亿人通过电视观看了这场精彩的足球大赛。1988年洛杉矶奥运会各赛场直接观众达70万人次,电视观众达到2亿人次,观看总人数达7亿人次,真可谓举世瞩目。在所有的社会活动中,很难有能像体育运动一样如此博得社会众多成员持久着迷和狂热的活动。

三、体育的功能

体育的功能是体育本质属性的反映,是确定体育目标的主要依据。研究体育的功能可以使我们加深对体育的理解,进一步认识体育对社会发展的重大意义,从而更有效、更自觉地发挥体育的功能,为培养和造就全面发展的一代新人服务。体育的功能取决于体育本身的特点和社会的需要,主要体现在促进社会物质文明和精神文明建设两个方面。

由于体育是一个有机整体,是一个多功能、多目标的系统,因此体育的功能可归纳为健身、娱乐、教育、经济、社交和政治六大功能。

(一)体育的健身功能

体育是通过身体运动的方式进行的。它要求人的身体直接参与活动,这是体育的最本质的特点,也是其健身功能的基础。体育活动能够直接作用于人体,促进身心健康,具体表现在以下几个方面。

(1)改善大脑功能。通过体育活动,可以增强大脑的血液循环,提高神经细胞的活跃度,从而改善大脑的工作效率和认知能力。

(2)促进生长发育。对于青少年来说,定期参与体育活动有助于骨骼、肌肉的健康成长,对身高和体型的塑造具有积极影响。

(3)提升器官系统功能。体育活动能够加强心肺功能,提高肌肉耐力和力量,促进新陈代谢,使人体器官系统更加高效运作。

(4)促进心理调节。体育活动有助于释放压力,减轻焦虑和抑郁情绪,通过身体锻炼达到心理平衡。

(5)提升适应能力。长期参与体育活动的人通常具有更强的环境适应能力和面对生活挑战的韧性。

(二)体育的娱乐功能

在现代社会,随着生活节奏的加快,人们对于休闲娱乐的需求日益增长。体育活动以其趣味性和互动性,成为调节心理状态、放松精神的有效途径。体育活动能够带来直接的快乐体验,满足人们追求乐趣的心理需求。参与体育活动可以让人在紧张的学习和工作之余,通过身体运动达到精神上的愉悦和放松,有效缓解疲劳。体育活动鼓励人们采取积极的生活态度,通过运动增强体质,丰富日常生活。

(三)体育的教育功能

教育旨在塑造个体的全面素质,包括思想观念、道德情操等。马克思认为:"生产劳动同智育和体育相结合,不仅是提高社会生产的一种方式,而且是造就全面发展的人的唯一方法。"这是我们论述体育的教育功能的理论依据。体育作为一种特殊的教育形式,对于培养人的全面发展具有不可替代的作用。体育竞赛中的团队精神和国家荣誉感能够激发人们的爱国情感。体育活动蕴含丰富的文化内涵,通过体育赛事和活动,可以传承和弘扬民族精神。体育活动中的挑战和竞争有助于锻炼个体的意志品质,培养坚韧不拔的精神。体育活动教会人们如何在竞争中寻求合作,如何在合作中实现共赢,培养竞争与合作意识。

(四)体育的经济功能

经济学界认为,劳动生产力的提高是社会经济发展的重要标志,人是决定生产力诸因素中的最重要的因素。人的素质通常包含身体素质、文化素质、道德素质等方面,而身体素质从某种意义上而言,是诸素质的物质基础,它对生产力的提高起着至关重要的作用。

体育活动对经济发展的贡献不仅体现在直接的经济收益上,更重要的是通过提高人的身体素质,间接推动社会生产力的提升。体育活动是对个人体力的投资,增强体质,提高工作效率。体育产业的发展带动了相关消费,为经济增长提供了新的动力。

(六) 体育的政治功能

政治对体育起主导和支配作用,也是确定体育目标的依据;同时,体育以特有的方式能动地影响和作用于政治。体育活动在提升国家形象、增强民族凝聚力方面发挥着重要作用,具体表现在以下两方面。

(1)提高民族和国家威望。国际体育赛事中的优异表现能够提升国家在世界舞台上的地位和声望。

(2)振奋民族精神与增强国民凝聚力。体育活动能够激发民族自豪感,增强国民的团结和凝聚力。

(五) 体育的社交功能

在现代社会,社交能力被视为一项至关重要的个人素质。体育活动以其独特的互动性和普遍性,成为培养和展示这一素质的重要平台。体育的社交功能主要体现在以下几个方面:

(1)情感交流与友谊加深。体育活动为人们提供了共同体验和分享胜利喜悦或失败教训的机会。在团队运动中,队友间的相互支持和鼓励能够加深彼此间的情感联系,建立起深厚的友谊。

(2)平等参与与团结增进。体育精神强调所有参与者的平等,无论性别、年龄或社会背景。这种平等参与为来自不同背景的人们提供了相互理解和尊重的平台,有助于增进社会团结和谐。

(3)领导力与团队协作能力培养。体育活动特别是团队运动,要求参与者展现出领导力和团队协作能力。这些技能的培养对于个人在社会中的交往和职业发展都是极其宝贵的。

(4)跨文化交流。国际体育赛事如奥运会、世界杯等吸引了来自世界各地的运动员和观众,成为不同文化间交流的桥梁。通过体育,人们可以体验和学习其他文化,促进全球理解和尊重多样性。

第二节　健康教育概述

健康是人类生存的第一前提和基本要素,是人类最宝贵的财富。我国在 2016 年召开的全国卫生与健康大会上,指出了卫生与健康是整个政府和全社会的共同责任,强调了要把人民健康放在优先发展的战略地位,加快推进健康中国建设。

一、健康的概念和标准

（一）健康的概念

1948 年，世界卫生组织在世界保健宪章中明确指出"健康不仅仅是没有疾病或不虚弱，而是保持身体、心理的健康和良好的社会适应状态"。这一经典的三维健康观念是人类在总结近代医学发展的基础上，对健康认识的一次质的飞跃。它将健康的内涵从生物学领域扩展到社会领域，超越了仅关注疾病的狭隘视角，完全符合现代生物—心理—社会医学模式，并已被世界各国广泛认可。

（二）健康的标准

世界卫生组织提出健康的标准，包括十项综合指标。这些指标共同构成了健康的全貌。单一指标的不健康状态并不代表整体健康状况不佳。对于健康，不存在绝对统一的要求或标准，因为每个人的健康状况都是多方面因素的综合体现。以下是十项健康标准：

（1）精力充沛，对承担日常生活和繁重工作而不感到过分紧张或疲劳；

（2）处事乐观，态度积极，乐于承担责任，不挑剔；

（3）劳逸结合，善于休息，睡眠良好；

（4）应变能力强，能适应各种环境变化；

（5）能够抵抗一般性疾病；

（6）体重适当，体型匀称；

（7）眼睛明亮，反应敏锐；

（8）牙齿清洁，无龋齿，不疼痛，牙龈颜色正常，无出血；

（9）头发有光泽，无头屑；

（10）皮肤、肌肉富有弹性，走路时步伐轻松。

二、健康的影响因素

美国学者劳伦斯·劳森提出了"健康五要素"理论，即一个人的身体、精神、智力、情绪和社会适应能力都应处于健康和完善的状态，才能被认为是真正的健康。这一概念简称为"健康五要素"。实际上，影响健康的因素是评估人们健康水平、制定计划和采取相应措施的基础。由于年龄、性别、地域和民族等客观因素的差异，个人对健康的自我评价标准也会有所不同。

（一）行为与生活方式因素

行为是个体在外界环境刺激下所产生的反应，涵盖了生理和心理的变化。人类的行为表现虽然错综复杂，但其基本规律是一致的，即为了维持个体的生存和种族的延续，在适应复杂且不断变化的环境时所作出的反应。由于人类同时具有生物性和社会性，人类的行为可以分为本能的和社会的两大类。个体的社会行为是人与周围环境相适应的行为，是通过社会化过程确立的。

行为是影响健康的重要因素,几乎所有影响健康的因素都与行为有关。美国的调查显示,只要有效地控制行为危险因素,例如不合理饮食、缺乏运动锻炼、吸烟、酗酒和滥用药物等,就能显著减少 40%～70% 的早死风险。

(二)自然环境因素

人类与自然环境之间存在着极为密切的关系。自然环境为人类的生存和发展提供了必要的条件。同时,人类的生活和生产活动也在不断地改造自然环境,以创造更有利于自身生存和发展的条件。然而,在改造自然环境的过程中,人类也产生大量的废弃物,这些废弃物会对自然环境造成污染。这种污染可能对人体健康产生不良影响,甚至危及人的生命。

(三)人体生物学因素

1. 遗传因素

后代形成和亲代相似的多种特征称为遗传特征。遗传不仅使后代在形态体质以至性格、智力、功能等方面和亲代相似,而且还会把亲代的许多隐性或显性的疾病遗传给后代。

2. 心理因素

我们的祖先在 2 000 多年前就发现了情绪对身心健康的影响,如《黄帝内经》中多处提到了"怒伤肝""悲伤脾""恐伤肾"。现代医学心理学的研究也证明,许多疾病的发生、发展都和心理因素有关,如心血管疾病、高血压、肿瘤等。大量的临床实践也证明消极的情绪(如悲伤、恐惧、焦虑、愤怒等)能引起各种器官系统功能失调,导致失眠、心动过速、血压升高、尿急、月经失调等症状。在我国进行的癌症普查中还发现,心理因素与食管癌、宫颈癌的发病有着密切的关系。

(四)体育运动因素

由于劳动方式和生活方式的改变,缺乏运动成为威胁人类健康的一个重要原因。同时,科学运动的健康价值日益显现,体育在生活中的位置越来越受到人们关注,体育对人类健康的作用也是我们讨论的重点。

体育是一种极为复杂的社会文化现象。它以身体练习为基本手段,结合智力活动,遵循人体生长发育、技能形成和技能提高等规律,旨在促进全面发育、提高身体素质、提升全面教育水平、增强体质和运动能力、改善生活方式和提高生活质量。这种有意识、有目的、有组织的活动,展现了体育的个体生物性和社会性双重属性。1987 年,联合国教科文组织颁布的《体育运动国际宪章》中明确指出体育是一种基本人权,并确认体育是提高生活质量的手段,能培养人类的价值观念,这表明体育对人类的生存和发展具有深远的影响。

在人类发展史上,体育作为一种积极的人类行为和特殊的社会文化现象,与社会和文明的进步相伴发展,并对人类的进化及社会发展起到了巨大的推动作用。健康的生活方式可以预防"文明病"的发生和发展。体育运动作为健康生活方式的重要组成部分,对人类健康始终起着独特的支持作用,是维护人们身心健康最有效、最有益的方法。

三、健康教育发展概况

"健康教育"一词最早出现在1919年美国儿童健康协会的会议报告中。目前对健康教育的定义有数十种,被广为接受的是1988年第13届世界健康教育大会提出的关于健康教育的定义,即健康教育是一门研究传播健康知识和技术、影响个体和群体行为、预防疾病消除危险因素促进健康的科学。

(一) 我国健康教育的发展

早在两千四百多年前,我国最早的医学文献《黄帝内经》就记载着"圣人不治已病治未病""防患于未然"等朴素的健康教育观,从其间散见的预防医学思想可见我国医学对于预防工作的重视。早在周代就有一部专讲卫生知识的书——《卫生经》,讲述当时的人们在卫生保健方面的经验,虽然这部书已失传,但在各种文献里仍有从该书引述的卫生知识。古书《周礼》《吕氏春秋》也记载着对传染疾病规律的研究,包括切断传染源的消毒隔离之。我国古代就流传着不少卫生防疫措施,例如在传染病人居住的房子里熏烧苍术、雄黄、白芷、艾叶以芳香辟秽的做法,目的在于杀灭或抑制白喉杆菌、伤寒和副伤寒杆菌、枯草杆菌、结核分枝杆菌等多种病菌,这表明已有预防医学的雏形。中国最早的类似医院的组织在汉朝元始二年(公元2年)就已经出现,《汉书·平帝纪》记载着"民疾疫者,舍空邸第,为置医学",就是指人们曾有过隔离治疗疾疫患者的做法。秦朝法律规定,如果社会上发现有麻风病患者,定要把患者集中到国家设立的疫所隔离,以防传染其他健康的人。葛洪的《抱朴子内篇·仙药》记载:"余又闻上党有赵瞿者,病历年,众治之不愈,其家乃责粮将之,送置山穴中",表明当时已有病者家属把麻风病人送到深山隔离的例子。从唐、宋、元、明到清朝嘉庆年间,朝廷还制定了海港检疫制度,规定海船出海回国人员中如果发现出痘患者,必须待其康复后才能进港。到16世纪,中国已开始学会用人痘接种来预防天花。

在辛亥革命前后,人们的健康教育思想受中西方思想的双重影响。随着1915年中华医学会的成立,我国健康教育取得了较大的发展,不仅有学校健康教育、家庭健康教育,还有社区健康教育,在普及医学知识和广泛唤起民众的公共卫生意识方面取得了积极的成效。过去我国一直把健康教育称为"卫生宣传"或"卫生宣传教育",学校的健康教育以矫治身体疾病和预防疾病为特征,消极地保持学生健康,20世纪40年代起,健康教育则以积极促进学生健康为特征。80年代以后人们意识到人体健康受到生物、心理、社会适应三方面因素的影响,因此将"卫生宣传"改为"健康教育"。1978年,教育部、卫生部、国家体委联合发出《关于加强学校体育卫生工作的通知》,要求采取切实有效的措施,促进学生身体素质的健康发展。1984年,隶属于卫生部的中国健康教育协会成立,始终致力于提升国民健康水平,有针对性地在不同领域开展健康教育活动,例如"世界艾滋病日""世界防治结核病日"等全国性的卫生日活动。这些活动旨在向广大人民群众宣传普及卫生保健知识,广泛开展健康教育与健康促进活动,提高大众的卫生科学知识水平。

（二）国外健康教育的发展

纵观西方的医学发展史可见，国外许多发达国家都十分重视健康教育在防病保健中的重要作用。被尊为"医学之父"的西方医学奠基人古希腊著名医生希波克拉底提出了"体液学说"，认为人的健康和疾病与自然环境有密切的关系。当时希波克拉底已注意到外界因素对疾病的影响，有了比较明确的预防思想，他提出应根据医学知识并考虑自然来进行工作，由此摆脱了多年来超自然的宗教理论对人体自身健康认识的桎梏。原始朴素的唯物主义医学观推动了医学走向自然科学的发展道路。16世纪中叶以后，随着自然科学的进步，医学基础学科得到了蓬勃的发展，逐渐形成了机械的自然科学健康观。18世纪末至19世纪初，德国动植物学家提出的细胞学说以及达尔文的进化论，为生物医学模式奠定了基础。19世纪中叶，德国病理学家 R·菲尔肖（Rudolf Virchow）倡导的细胞病理学，将疾病研究深入到细胞层次。法国人路易·巴斯德（Louis Pasteur）通过研究微生物，证明了发酵及传染病都是由微生物引起的。19世纪最后30年是细菌学的时代，德国人罗伯特·科赫（Robert Koch）发现了霍乱弧菌、结核分枝杆菌及炭疽杆菌等，并改进了培养细菌的方法和细菌染色技术，还提出了科赫三定律。巴斯德利用减弱微生物毒力的方法首先进行疫苗研究，从而创立了经典免疫学，并为现代微生物学奠定了基础。由于微生物学和免疫学的成就，医疗诊断的方法变得更为丰富。法国的弗朗索瓦·马让迪（François Magendie）、德国人约翰内斯·彼得·弥勒（Johannes Peter Müller）和法国人克劳德·贝尔纳（Claude Bernard）进行了大量的生理学研究，奠定了现代生理学研究的基础。

西方近代医学指文艺复兴以后逐渐兴起的医学，经历了16～17世纪的奠基、18～19世纪的分类发展，到20世纪借助现代科学技术由宏观研究向微观研究推进的过程。21世纪的医学研究在微观层面的发展上又回归至宏观层面，呈现出分子医学与系统医学在研究层次上并行发展，以及学科体系中各学科既分立又交叉融合的态势。解剖学、生理学、微生物学等学科体系形成，人类开始从生物属性的角度研究人类的健康与疾病。

随着生产的发展和社会经验的积累，人们逐渐认识到心理因素和社会因素对疾病发生、发展和转移的作用，以及对机体内部平衡状态的影响。20世纪中叶，医学模式发生了转变。弗洛伊德创立了"精神分析"学说，认为精神作用影响潜意识。20世纪初，克雷佩林首先从科学的角度介绍了精神病的分类方法，并阐明了早发性阿尔茨海默病的内容，使精神病学正式成为医学的一个分支。随后，心身医学以及行为医学等探讨心理与健康和疾病关系的学科相继出现。同时，人们逐步认识到人本身是一个整体，并开始将人作为一个与自然环境和社会环境密切相互作用的整体来研究。J.P·弗兰克（Johann Peter Frank）的著作《医务监督的完整体系》就涉及了不少关于公共卫生和社会医学的问题。1977年，美国医学家乔治·L·恩格尔（George L. Engel）首次提出了"生物-心理-社会医学模式"的主张，主张从生物学、心理学和社会学三个方面综合考察人类的健康和疾病问题。如在健康的概念和标准中所讲，1948年，联合国世界卫生组织在其《宪章》中就指出，"健康不仅是没有疾病和不虚弱，而且是身体、心理、社会适应三方面的完满状态"。1989年世界卫生组织又将健康的概念调整为："健康应包括躯体健康、心理健康、社会适应良好和道德健康"。

19 至 20 世纪以后,预防医学和保障健康的医学对策已逐渐成为国家立法和行政问题。联合国世界卫生组织、美国健康教育总统委员会、世界健康教育大会等都曾关注健康教育对促进个人健康的积极意义。20 世纪 20 年代是世界健康教育真正成为一门学科并迅速发展的重要时期。美国、日本、法国、芬兰等国家逐步开展有计划、有组织的全民健康教育活动。此时,学校健康教育主要是围绕营养、吸烟等内容,到了 60 年代,学校健康教育开始涉及学生心理健康、社会适应等内容。20 世纪后半叶,分子生物学、免疫学、遗传工程学等学科相继发展起来,从哲学、心理学、社会学、行为学等多种学科角度探讨健康教育的理论、著述、模型、学说等相关的研究成果问世,健康教育真正成为一门成熟的独立学科而不断发展壮大。

第二章 科学体育锻炼

第一节　科学体育锻炼概述

一、科学体育锻炼的概念

　　科学体育锻炼是一种基于运动科学原理、个体能力和健康目标的系统性锻炼方法。它强调个性化的锻炼计划、循序渐进的负荷增加、全面性的身体训练、适量的运动强度、充足的恢复时间、正确的运动技巧,以及营养和心理支持的重要性。科学锻炼的目的是最大化健康效益,减少受伤风险,同时提高身体性能和运动技能,促进长期的健康生活方式。

　　科学体育锻炼强调根据每个人的体质、健康状况、运动经验、生活习惯和个人目标,制定符合个人需求的锻炼计划,结合有氧运动、力量训练、灵活性练习和平衡训练,合理安排训练强度和量的周期性变化,以适应不同的训练阶段和目标,实现身体能力的全面提升。科学锻炼应用运动生理学知识,理解运动对身体各系统的影响,如心血管系统、呼吸系统、肌肉系统等。

　　科学体育锻炼必须与健康饮食相结合,从而为身体提供必要的营养素以支持锻炼需求和恢复。

　　采用正确的运动形式和技巧,使用适当的装备,预防运动损伤。根据个人的适应性和反应调整锻炼计划,确保锻炼的持续性和有效性。

二、体育锻炼对身体的影响

(一) 对心血管系统的影响

　　体育锻炼时,通过体内的调节机制,心肌收缩力增强,心率加快,促使全身血循环改善。长期坚持锻炼可使心肌供血增加,心肌纤维增粗,心壁增厚,心脏体积增大,重量增加。由于心肌纤维增粗,收缩能力提高,进一步增强了心脏功能,表现出心脏储备能力明显提高。由于心脏输出量增加,冠状动脉血流量改善,脂类代谢产物在血管壁内的沉积减少,使血管保持弹性良好,这对于预防冠心病、高血压及其他心脑血管疾病均具有重要意义。青少年经常参加体育锻炼,可促进心血管系统的发育,增强各器官的功能。

(二)对呼吸系统的影响

运动时,随着运动强度的增加,身体的耗氧量及二氧化碳产生量也随之增加。为了适应这种变化,机体通过神经和体液调节机制,提高呼吸深度和频率,以提供更多的氧气并加速二氧化碳的排出。在剧烈运动时,潮气量(每次呼吸吸入或呼出的气体量)可以从安静状态的约500毫升增加到2 000毫升以上。呼吸频率也可能从平时的12至18次/分钟上升到50次/分钟左右。因此,每分钟的通气量(1分钟内呼吸的总气体量)可能比安静时增加近20倍,达到每分钟100升以上。

由于呼吸运动的加强,膈肌的收缩幅度加大,几乎所有参与呼吸的肌肉都会参与到运动中。长期进行体育锻炼可以逐步提高呼吸功能,改善胸廓的发育,表现为呼吸肌肉更加发达,胸围增大,肺泡弹性提高,以及肺活量增加。

体育锻炼通过促进呼吸系统的发育,增强其抗病能力,有助于减少呼吸道急慢性疾病的发生。此外,锻炼还能提高肺部的换气效率和血液循环,进一步提升氧气的运输和利用能力。

(三)对运动系统的影响

为了满足运动时肌肉对氧和营养物质需求的增加,骨骼肌血管会扩张,肌肉中的毛细血管开放数量增多,导致运动肌肉的血流量显著增加。这种血液循环的增强为肌肉提供了更多的氧气和营养,支持其在运动中的高代谢需求。经常性的运动可以导致肌纤维增粗、弹性增加以及收缩力增强,从而使肌肉组织变得更加粗壮和有力,提高肌肉的活动强度和耐力。长期坚持体育锻炼的人,肌肉重量在体重中所占的比例可能达到50%,而普通不经常锻炼的人这一比例通常在35%~40%。

运动时,血液循环的加速为身体各部位包括骨骼,提供了更多的氧气和营养物质,这对于新陈代谢过程至关重要。旺盛的新陈代谢不仅支持身体的能量需求,也为骨骼的生长和修复提供了必要的营养。运动对骨骼的机械刺激,如压力和张力,促进了骨细胞(成骨细胞)的增殖和活性,加快了成骨过程(即新骨组织的形成),从而有助于骨骼的生长和强化,尤其对于儿童和青少年,这种影响对骨骼的生长发育尤为重要。此外,运动还能影响骨骼的形态结构和功能,使骨密质增厚、骨骼增粗,骨松质中的骨小梁根据运动受力方向排列得更加整齐规律,从而提高骨的坚韧性和抗折、抗弯、抗压及抗扭转能力。

由于许多体育活动在室外进行,增加了日照机会,有助于体内维生素D的合成,这对骨骼的生长发育尤为重要。体育锻炼还能使关节囊和韧带增厚,提高其柔韧性和延伸性,加强关节的稳固性和灵活性。综上所述,体育锻炼不仅促进了肌肉、骨骼和关节的发育,还能改善身体形态,使身材更加健美和协调。

(四)对神经系统的影响

运动作为一种刺激信号,通过外周神经传入中枢神经系统,激发机体各器官和系统产生相应的功能反应,以适应运动的需求。经常性且反复的运动刺激可以使神经细胞的反应变得更加灵活,增强大脑皮层的调节功能,促使身体各部分的协调性得到加强。这不仅能提高神经活动的灵活性和均衡性,还能增强身体对外界环境变化的适应性。

由于运动能够增强大脑皮层的兴奋和抑制过程,长期参与体育锻炼的人往往会表现出精力充沛、思维敏捷和反应迅速的特点。这种状态有助于提高个体的学习和工作效率。

第二节　科学体育锻炼与营养

营养是人体摄取、消化、吸收和利用食物中营养素的过程,膳食能提供人体所需的六大营养素:蛋白质、脂肪、碳水化合物、矿物质、维生素、水。体育锻炼需要充足的能量来支持肌肉活动和身体运动,科学营养确保身体能够获得必要的热能,以提供持久的能量,延缓运动过程中的疲劳出现,提高耐力。体育锻炼,尤其是力量训练,会导致肌肉纤维微小损伤,随后需要蛋白质来修复和增长肌肉。科学营养提供足够的蛋白质和其他营养素,支持肌肉恢复和生长。锻炼后,身体需要营养素来修复组织和恢复能量储备,及时补充碳水化合物、蛋白质以及必要的维生素和矿物质,可以加速恢复过程。每个人的营养需求和锻炼目标都是独特的。科学营养计划应根据人的健康状况、运动类型、强度、持续时间以及个人的生活方式和目标来定制。

一、营养成分

(一) 热能

一般而言,经常参加体育锻炼的人,饮食中糖(碳水化合物)和蛋白质的比例要高一些,脂肪相应减少些。营养学家认为,蛋白质、脂肪和糖三者的比例可按重量 $1:0.7:5$ 为宜(对从事耐久项目的人可以适当增加脂肪食物的比例)。

蛋白质是机体组织细胞的基本成分,对于骨骼、肌肉和内脏等组织器官的生长至关重要。它能够增强运动员的兴奋性和机敏性,对于技巧性和爆发性用力的项目来说非常重要,对体育锻炼参与者必不可少。然而,长期大量摄入蛋白质食物可能会导致体液酸化,加重肝脏和肾脏的负担,导致运动时过早疲劳。此外,过量摄入蛋白质可能会导致钙离子丢失过多,影响骨骼的坚固性,并且可能减少糖的摄入和降低糖储备,从而降低运动能力。

脂肪是高能量物质,其代谢过程中耗氧量较大,可能间接增加氧自由基的生成,加重过氧化对组织细胞的损害作用,加剧运动时人体的缺氧状态,不利于运动能力的发挥。同时,膳食中脂肪过多也可能影响对其他营养成分,尤其是蛋白质的吸收。因此,膳食中的脂肪摄入量应当适当控制。

糖具有易消化吸收、快速供能、耗氧少等优点,在有氧或缺氧情况下都能分解产生热量及氧化分解产物——水和二氧化碳,对体育锻炼者十分重要。在选择糖类食物时,应优先选择多糖而非单糖,因为单糖可能导致血糖急剧升高或降低,影响机体健康。多糖如淀粉可以更稳定地提供能量。此外,应补充多种糖类,以维持肝脏、血液、肌肉中的糖类平衡,满足运动需求,如全面补充淀粉、水果、糖果等。糖的摄入不足可能会导致免疫力下降、中枢神经疲劳,影响思维能力、反应能力和灵敏性,降低肌肉的收缩力和连续性运动的体能维持,减弱耐力。还可能影响蛋白质和维生素 B 族的吸收,引发代谢性疾病。

（二）维生素

维生素是维持人体正常生理功能所必需的营养物质,对体育锻炼的效果具有显著的影响。大学生在从事体育锻炼时,体内代谢增强,加之大量排汗,维生素的消耗量较大。绿叶蔬菜、鲜嫩水果以及动物的心脏、肝脏和肌肉中都含有丰富的维生素,因此在饮食中应注意补充。

在维生素中,维生素 B 族、维生素 C 和维生素 E 对人体运动的影响尤为关键。豆类及其制品是维生素 B 族的丰富来源,蔬菜水果中则富含维生素 C,而食用油脂中富含维生素 E。维生素 B 族是多种酶的辅酶,对能量代谢过程至关重要。例如,维生素 B1(硫胺素)、维生素 B2(核黄素)和维生素 B3(烟酸)的缺乏都可能影响能量的产生,导致能量供应不足,这种不足会影响锻炼者的体力和精力,从而对体育锻炼的效果产生负面影响。如果人体内维生素 B 族和维生素 C 储备充足,可以帮助维持较高的血糖水平,减少血液中的乳酸和丙酮酸,促进运动后糖原的恢复。维生素 E 能提高神经系统的持久力,有助于降低运动后的过量氧耗,提高恢复效率。

（三）微量元素

钙的摄取不足可能导致肌肉兴奋性异常升高,收缩力下降,从而容易出现肌肉痉挛(抽筋)。然而,钙摄入过量可能会干扰铁、锌的吸收,并增加肾结石的风险。

硒具有抗氧化作用,能够保护细胞膜的结构和功能,避免过氧化损伤,防止细胞内重要活性物质被强氧化剂破坏。硒还是肌肉组织的成分之一,参与多种代谢活动和细胞内呼吸过程,并对多种酶具有激活作用。

锌对于维持人体内 300 多种酶的活性至关重要。红细胞中的含锌酶——碳酸酐酶的主要作用是催化二氧化碳和水之间的反应,生成碳酸,然后碳酸分解为碳酸氢根和氢离子。这个过程有助于调节血液的酸碱平衡,并促进二氧化碳从组织中释放到血液中,随后通过血液循环运输到肺部,在那里二氧化碳被呼出体外。这个过程对于维持细胞内环境的稳定是重要的,如果碳酸酐酶的活性下降,可能会影响二氧化碳的排出效率,进而影响运动能力。膳食中,锌的主要来源包括肉类、海产品和坚果类。

钠、钾、氯和镁主要负责维持体液的渗透压和酸碱平衡,保证神经和肌肉的正常应激功能,以及细胞的正常新陈代谢。

二、体育锻炼的营养需求

（一）力量练习的营养需求

男性的力量素质通常在 22 至 23 岁时达到最高峰,而女性则在 18 至 22 岁时达到最高峰。之后,无论男女,力量素质的增长随着年龄的增长而逐渐减缓。蛋白质是肌肉合成的重要原料,因此在这个阶段需求量较大。蛋白质的最佳来源包括动物性食物和植物性豆类食物。动物性蛋白因其含有人体必需氨基酸的完整组合,被称为"优质蛋白质",如鸡蛋、牛肉、鱼类等。豆类含有丰富的植物蛋白质。尽管谷物类食品的蛋白质含量不高,但由于摄入量较大,它们也是蛋白质的重要来源。蛋白质补充剂,如蛋白粉,也是补充蛋白质的一种方式。一般建议每天的蛋白质摄入量不少于 2 克/千克体重,并且应占到每日摄入总热量的 20% 左右。对于运动员,蛋白质的需求量可能更高,可以达到 2.5 克/千克体重。

肌酸是合成磷酸肌酸的基础,磷酸肌酸是肌肉中储存能量的一种形式。研究表明,口服外源性肌酸可以提高磷酸肌酸的储存量,增加肌肉的爆发力。与糖和磷酸盐同时服用可以促进肌酸的吸收。

碳水化合物在蛋白质的代谢过程中起着重要作用,可以帮助节约蛋白质的使用。当摄入蛋白质同时摄入糖类时,体内游离氨基酸浓度增高,可以增加 ATP(腺嘌呤核苷三磷酸,也叫三磷酸腺苷)的形成,有利于氨基酸的活化及蛋白质的合成。

维生素 B2 可以促进肌肉蛋白质的合成,丰富的来源包括动物内脏、蛋和奶等食物。钾、钠、钙、镁等矿物质离子共同维护肌肉神经的兴奋性。钙主要来源于虾皮、海带等食物,钾以水果中的最容易吸收,钠主要来源于食盐,镁主要来源于绿叶蔬菜、小米、燕麦、大麦、小麦和豆类等。

(二) 速度练习的营养需求

男性通常在 20 至 22 岁达到速度素质发展的顶峰,表现为单峰型增长。女性的速度素质发展则呈现双峰型,第一个峰值出现在 14 至 17 岁,第二个峰值在 21 至 22 岁。

速度的快慢与肌纤维的兴奋性、快肌纤维的百分比组成以及肌肉力量的大小有关。速度型运动的代谢特点是高度缺氧,主要依赖无氧酵解来提供能量,这一过程中 ATP 的合成依赖于糖的分解,而非蛋白质的合成。

为了提高速度素质,营养上需要增加蛋白质、碳水化合物、维生素 C、维生素 B 族、磷、镁及铁等营养素的摄入量。这些营养素有助于加速 ATP 及磷酸肌酸的合成,增加肌肉合成,提高高能磷酸化合物的能量储备。

蔬菜和水果是重要的营养素来源,可以补充速度训练所需的维生素、矿物质和膳食纤维。建议蔬菜和水果的摄入量应占一日总食入量的 15%～20%。

(三) 耐力练习的营养需求

耐力素质的发展趋势通常是随着年龄的增长而逐渐提高,大约在 20 岁左右达到高峰,之后随着年龄的增长而逐渐下降。

有氧耐力水平受脂肪和血红蛋白两个重要因素的影响。脂肪是有氧运动的重要能源,能够为有氧能量代谢提供大量能量。增加脂肪供能比例有助于减少糖原的消耗,这对比赛后期的激烈争夺是有利的。肌肉收缩所需的能量最初来自糖原,1 克糖在体内大约产生 4 千卡的热能,体内糖原储备的多少直接影响运动能力。为提高耐力素质,膳食中脂肪的摄入量应适量,脂肪应占总热量摄入的 20～35%。膳食中糖的来源主要是粮食和薯类,米和白面的碳水化合物含量约为 80～90%。一般情况下,碳水化合物应占总热能供给量的 60%～70%,成人每日每千克体重需摄入 4～6 克碳水化合物,运动者可能需要 8～12 克。

血液中红细胞中的血红蛋白携氧能力是决定有氧耐力水平的关键因素。女性由于生理原因,缺铁性贫血的发生率较男性更高,应多吃瘦肉、鸡蛋、猪肝、绿叶菜等富含铁的食物,并可补充含铁制剂,以利于血红蛋白的合成,保证血液的输氧能力。

如果耐力运动中出现抽筋症状,可能与电解质如钠、钾、钙、镁的不平衡有关,应注意补充这些矿物质,特别是镁。

(四) 灵敏练习的营养需求

灵敏性运动要求神经系统在运动中保持高度紧张状态。尽管这类运动的总能量消耗可能不大,但神经系统的消耗却相对较大。因此,虽然热量供给不宜过多,但应注重提供支持神经系统所需的营养。

磷是与神经系统活动密切相关的矿物质。肌肉和神经活动,以及糖与脂肪的代谢过程都需要磷的参与。肌肉活动越频繁,能量消耗越大,对磷的需求也相应增加。磷与脂肪结合形成磷脂,这是维持中枢神经系统正常功能所必需的物质。磷广泛存在于动植物组织中,富含蛋白质的食物如蛋类、肉类、鱼类等都含有磷。在植物性食物中,豆类和绿色蔬菜也是磷的良好来源。因此,只要膳食中蛋白质和钙的摄入量充足,通常磷的摄入量也能得满足需求。成人每日磷的推荐摄入量为 1.5 克,而运动者,尤其是参与能量消耗大和神经高度紧张项目(如体操、长跑等)的运动员,每日磷的需求量可能达到 2.5 克。

(五) 不同体育项目的营养需求

不同的运动项目对营养的具体要求有所不同,但由于所有运动都会增加体内物质代谢的速率,因此不管从事什么类型的运动,都应确保机体获得充足的维生素 B 和维生素 C。维生素 B 主要来源是粮食,多存在于谷物的胚芽和外皮部分,所以粮食加工得越精,维生素 B 损失得就越多。此外,食物在烹调过程中加入碱性物质也可能破坏维生素 B。维生素 C 广泛存在于蔬菜和水果中,含量较高的包括枣、山楂、油菜和圆白菜等。维生素 C 容易在储存和烹调过程中被破坏,因此应食用新鲜的蔬菜和水果,并尽可能以生食的方式摄入,以最大限度地保留维生素 C。

合理安排膳食营养是补充运动消耗,提高运动成绩,维护身体健康的重要措施。对运动训练膳食的基本要求是:热量合理,酸碱平衡,维生素和矿物质充足,各种营养素比例恰当。常见体育项目的营养需求和膳食要求如表 2-1 所示。

表 2-1　不同体育项目的营养需求和膳食要求

	短跑	长跑	球类	操类	游泳
运动特点	时间短,强度大,高度缺氧,能量代谢率高	时间长、耗能大,以有氧代谢供能为主	复杂多变、速度快、强度大,对力量、速度、耐力、灵敏度、柔韧性、弹跳力等素质要求较高	技术动作复杂,对力量、速度、灵敏、协调性及神经系统要求较高景	阻力大、耗能多、易疲劳

	短跑	长跑	球类	操类	游泳
营养需求	蛋白质、糖、铁、维生素 C、维生素 B1	糖、蛋白质、铁、水分、维生素 C、维生素 B1	糖、蛋白质、维生素 B1、维生素 C、维生素 E、维生素 A、磷	蛋白质、维生素 B1、维生素 C、钙、铁、磷	蛋白质、糖类、脂肪、铁、维生素 B1、维生素 C
膳食要求	豆制品、乳品、鱼类、肉类、薯类、水果、蔬菜	谷类、瘦肉、鸡蛋、绿叶蔬菜	牛奶、鸡蛋、胡萝卜、菠类、水果	海鲜、豆类、杂粮、橘子菜花、萝卜、脱脂牛奶、鸡蛋、猪肝、猪腰	蜂蜜、海带、牛奶、卷心菜

三、体育锻炼与饮食

饮食与运动的配合极为重要,在运动训练过程中,除了关注不同体育项目的饮食要求外,还应以运动过程为线索,关注运动前的饮食安排、运动中的补给和运动后的营养恢复,以提高运动表现和训练效果。运动前、运动中和运动后的饮食建议如表 2-2 所示。

表 2-2　运动前、中、后饮食建议

运动前饮食	运动前适量进食,能有效提供运动时所需的能量和水分,防止因能量不足而引起的虚脱症状,利于身体机能在运动中的提高。 饱食后 2 小时、60% 饱食后 1 小时、40% 饱食后半小时才可进行运动,如果食物以肉食品为主,饭后运动的间隔时间还应适当延长。
运动中饮食	进食的数量不能超过平时饭量的 1/3,即小于 30% 饱度。食物要以高碳水化合物为主,如面包、麦片、糕点、水果等。进食 15～30 分钟后再进行运动锻炼。
运动后饮食	运动后应在 30 分钟内补充足够的糖。胰岛素在这段时间内活性最高,有利于糖的转化储备和被肌肉利用。最好以糖盐水的形式补充。补糖量以每千克体重 1 克糖标准为宜。 运动后大量进食应在运动停止半小时到 1 小时以后进行。进食量不应超过平时饭量的 80% 为宜。 如果运动后即刻感到明显饥饿稍休息几分钟后也可以少量进食,进食量不超过平常饭量的 1/3。食物应松软易消化,避免辛辣刺激。

第三节　科学体育锻炼的原则和方法

一、科学体育锻炼的原则

科学锻炼的原则是指科学锻炼身体所必须遵循的规律。科学锻炼的本质在于发展身体,增进健康。只有运用科学的锻炼原则和方法去指导大学生锻炼实践,才能事半功倍,获得理想实效,达到预期目标。科学合理的体育锻炼应遵循以下原则。

1. 锻炼项目应恰当选择

要根据学生健康状况和体能情况,合理制订锻炼计划,恰当安排锻炼内容,特别需要注意学生由于身体残缺、疾病等导致的不宜进行的身体锻炼。在提高锻炼效果的同时,最大限度地防止意外事故的发生。

2. 锻炼强度应切实适宜

教师应根据学生性别、体质、体能等诸多因素的差异,做到因人施教,在运动强度等方面区别对待。否则很容易产生有人"吃不饱",有人"吃不消"的现象。学生也应该从自身特点出发,安排、调整锻炼的方法、内容和运动负荷等。例如,在长跑训练时,体质弱的女生可以先跑 600 米,进而逐步延长;在引体向上的练习中,对体能极好的男生可以适当提高要求。

3. 锻炼内容应全面系统

不同的项目锻炼所引起的人体的生理变化和机能适应各不相同,例如,长跑侧重于学生肺活量和耐力的提高,吊环则能快速增强手臂的力量。大学体育的教学内容包括跑、跳、投、攀爬、悬垂、支撑以及球类、搏击类、户外运动、游戏等丰富的项目,目的就是使学生身体得到全面锻炼,对良性适应起到互补和促进作用,从而促进身体各部分组织器官的整体发展,使身体素质和运动能力得到综合提高。反之,如果只是单凭兴趣,喜欢什么项目就只练什么,则可能造成身体发展的不均衡和不协调。大学生体育锻炼的内容、方法要尽可能考虑身体的全面发展,可以功效大、兴趣浓的运动项目为主,其他项目为辅进行全面锻炼。强调全身的活动,而不限于局部。

4. 锻炼进程应持之以恒

(1)体育锻炼要循序渐进。俗话说"一口吃不成个胖子",强健体魄、完善素质、提升机能、形成技能,不可能一蹴而就,而是需要在长期的运动中,在反复的刺激下,在大脑皮质中建立起动力定型,进而形成动力定型条件反射,使得机能逐渐适应、积累、提高,逐步、依次、循序地发生变化,拔苗助长不但不利于健康,甚至会造成身体的损伤。在体育锻炼的过程中,运动负荷(指体育锻炼时身体的生理负荷量)的适宜直接影响人体机能的变化,进而对锻炼效果的优劣产生作用。如果负荷过小,就无法促进机体变化,达不到锻炼身体的目的;如果负荷过大,超出了机体所能承受的范围,就会引起睡眠不宁、食欲不振、长期疲劳等不良反应。正确的做法是以一定的运动负荷量作用于身体,一定次数和时间后,引起了身体的适应,然后再依据人体对运动的适应性变化,有计划地逐步增大运动负荷,使身体产生新水平的适应,最终达到增强体质的目标。运动负荷的大小因人、因时而异,同一个人,不同的机能状态下对负荷的承受能力也不尽相同。一般而言,每次体育锻炼以后感到稍累,但没有各种不良反应,通过休息恢复较快,这样的运动负荷基本是合适的。

(2)体育锻炼要坚持不懈。从生物学的角度看,人体的发展既不能立竿见影,也不能一劳永逸。人体对体育锻炼的适应呈现出经常锻炼则进步、发展,"三天打鱼,两天晒网"则退步、消弱的变化规律。运动停止后几周,由于热量消耗减少,脂肪开始增长,肌肉逐渐萎缩,技能也会消退。古语说得好:"动不在三更五鼓,炼只怕一曝十寒",所以,需要树立终身体育的理念,日、周、月、年持续地进行体育锻炼。

5. 锻炼热身应保证到位

锻炼开始时,要重视准备活动。准备活动就是在体育锻炼前,根据体育项目的特点,相应地活动身体各部位。其作用在于提高神经中枢的兴奋性,加强心肺功能,使肌肉、肌腱、韧带处于伸展性良好的状态。准备活动是人体从相对安静状态过渡到剧烈运动状态,克服生理惰性,进行自我保护的有效措施。尤其是在气温较低、气候寒冷的季节,更应该重视锻炼前的热身活动。锻炼结束后,要做好放松整理活动。整理活动的作用在于通过比较轻松、舒缓的身体活动,使各个组织器官从紧张的运动状态中松弛下来,增加吸氧量,"冲刷"体内的乳酸,从而加速疲劳的缓解和消除,使肌肉疼痛感大大降低。此外,剧烈运动时,肌肉有节律性地收缩,促使血液很快地流回心脏,心跳和血液流动加快,肌肉和毛细血管扩张。此时如果立即停止运动,会使得肌肉的节律性收缩也立即停止,导致肌肉中的大量血液淤积于静脉,造成暂时性的心脏缺血、脑部供血不足,引发心慌、头晕、眼花,甚至休克等症状。例如,急速奔跑到达终点后,借助惯性再慢跑一段直至放慢到步行状态,目的就在于此。

6. 锻炼意向应明确主动

首先,体育锻炼者应该确立明确的健身目标。根据个人实际,既不妄自菲薄,又不夜郎自大,不急躁冒进,不踏步不前,确定恰当的锻炼目标。在此基础上形成各个时期的锻炼计划和预期效果,并注意阶段性的调整,体育锻炼才能奏效。其次,体育锻炼者应该自觉积极地从事运动。这就要求大学生充分认识体育锻炼的价值,培养浓厚的体育兴趣。这样才能克服自身惰性,把体育锻炼当作生活中必不可少的组成部分,以极大的主动性和自觉性投身体育运动,真正达到身心合一。

拓展阅读

体育锻炼常见误区

误区一:晨练最好。清晨是心脏病发作的高峰期,因为体内的血液凝聚力较高,血栓形成的危险性较大。相反,黄昏时,心跳、血压最平衡,嗅觉、听觉、视觉、触觉最敏感,人体应激能力达到一天的最高峰,既能适应运动时心跳、血压的改变,又能最大限度地化解血栓,是体育锻炼的理想时间,暮练优于晨练。

误区二:锻炼内容千篇一律。锻炼的范围仅局限于同样的几块肌肉,日复一日,动作单一。当人体完全适应了这种锻炼动作的刺激后,呼吸不再加速,运动过程中消耗的热量就会渐减,使锻炼效果变差。

误区三:大量运动后立即洗澡。很多人认为,运动后一身汗,应该马上洗澡,其实,剧烈运动后,人体为方便散热、保持体温的恒定,皮肤表面血管扩张,汗孔张大,排汗增多。此时,冷水浴会使血管立即收缩,血液循环阻力加大,体内产生的大量热量不能尽快散发,导致内热外凉,机体抵抗力降低,破坏人体的平衡,容易生病。而热水澡则会继续增加皮肤和肌肉内的血液流量,导致心脏、大脑等其他重要器官的供血不足,出现头昏、恶心、全身无力,甚至虚脱休克,严重的还会诱发其他慢性疾病。

误区四:出汗越多运动越有效。是否出汗不能用来衡量运动是否有效。人体的汗腺受遗传影响,分为活跃型和保守型两种。出汗与脂肪消耗也没有必然联系。汗水的成分包含水、盐分和矿物质,不含脂肪。出汗越多并不意味着减肥成效越大。

误区五:锻炼期间可以尽兴吃喝。许多人认为,健身期间身体会消耗更多的热量和碳水化合物,不需要实施节食计划。其实不然,想要达到最佳锻炼效果,就要保持营养平衡,多吃水果、蔬菜、纤维素、谷物及瘦肉,少喝甜饮料、少吃高热量低营养食品。

二、科学体育锻炼的方法

科学体育锻炼应分 4 步走:自我测试、设置目标、制订计划、实施锻炼。

1. 自我测试

进行锻炼前,应对自身状况有充分了解,才能树立恰当的锻炼目标,形成科学的锻炼计划。自我测试的内容包括 3 个方面:①身体形态的测试,如身高、体重、胸围等;②身体机能的测试,如脉搏、血压、肺活量等;③运动能力的测试,如速度、力量、耐力、灵敏、柔韧、平衡等身体素质和跑、跳、投等身体活动能力等。

2. 设置目标

明确了锻炼目标,就规划出了锻炼计划的"主要航道",这也是确定锻炼内容的先决条件。根据锻炼计划,选择运动项目,确定运动强度,安排运动时间。

3. 制订计划

如同建设楼房离不开工程监理的监控,科学的锻炼计划也离不开适时的评价和调整,只要有助于长期坚持,就是一个好的锻炼方案。

4. 实施锻炼

常用的锻炼方法有以下 6 种。

(1)重复锻炼法。重复次数不同,对身体的作用亦不同,重复次数越多,身体对运动反应的负荷量越大。因此,运用重复锻炼的方法,关键是视实际情况掌握好负荷量,并据此调节重复次数。

(2)间歇锻炼法。间歇训练通过交替高强度运动和休息或低强度运动,促进超量恢复。需要注意的是,间歇时不要做静止休息,应采取积极休息,如慢速走步、放松手脚、伸腰抻腿或深呼吸等,以帮助血液循环和代谢废物的排除。

(3)连续锻炼法。连续的作用在于维持负荷量在一定的水平上,既不下降,又不上升,使身体充分地受到运动的作用。实践中,用于连续锻炼的主要是比较容易,并已为锻炼者所熟悉的动作,如跑步、游泳、健美操等。

(4)循环锻炼法。这种方法由一系列不同的练习站点组成,每个站点设计有特定的练习。一旦在某个站点完成预定的练习,练习者迅速转移到下一个站点,依次循环进行,完成所有站点的练习即完成了一次循环。循环锻炼法的特点是负荷相对较轻,形式简单有趣,能够提供全面的身体锻炼,促进身体各部位的协调发展。例如,把篮球练习分为立地投篮、三步上篮、全场运球三个点,逐一完成。

(5)变换锻炼法。此法可以有效地调节生理负荷,提高兴奋性,克服疲劳和厌倦情绪,进而强化锻炼意向,以达到提高锻炼效果的目的。一方面,锻炼条件、环境的变化,可使锻炼者的大脑皮层不断地产生新异的刺激,提高兴奋性、维持锻炼的兴趣,从而提高机体对负荷的承受能力,提高锻炼效果。另一方面,对锻炼内容、时间、动作速率等做出变更、提出新的要求,可有效地调节生理负荷,使机体不断产生适应性变化,达到更好地锻炼身体的目的,如由田径场的长跑变为越野跑。

(6)负重锻炼法。这是一种通过使用杠铃、哑铃、沙袋等重物来增加身体负荷的锻炼方式,目的是增强肌肉力量和体力。负重锻炼可以针对特定肌肉群,提高肌肉的耐力和爆发力。大学生或任何锻炼者在进行负重锻炼时,应该选择适宜的负荷量,即在最大摄氧量和最大心输出量的一定比例以下,通常建议在 70%～85% 的最大负荷范围内。这样做可以确保锻炼的安全性,同时促进肌肉适应和生长,避免对心血管系统和呼吸系统造成过大压力。

三、科学体育锻炼的自我监测

自我监测是指体育运动参加者采用简单易行的医学检查方任法,对本人的健康状况和身体反应进行观察。自我监测是综合医学观察重要内容之一,是掌握运动量、科学安排体育运动的重要依据,对预防伤病,提高运动成绩有重要意义。自我监测的内容和方法如下。

(一)主观感觉

(1)运动心情。正常时,精神饱满,体力充沛,渴望训练。如健康状况不佳或过度紧张时,则出现心情不佳,厌烦训练的征象,尤其惧怕参加紧张训练和比赛。

(2)自我感觉。正常时,自我感觉良好,身体无不适感觉。如果在运动中或运动后,出现异乎寻常的疲劳,感到恶心甚至呕吐、头晕以及身体某些部位感觉疼痛,这说明体力不好或身患疾病。

(3)睡眠。良好的睡眠状态是入睡快,醒后精力充沛。如果入睡迟、夜间易醒、失眠、醒后仍感疲劳,表明睡眠失常。

(4)食欲。参加体育锻炼能量消耗大,所以运动后食欲良好,食量大。如果运动后不想进食,食量减少,并在一定时间内不能恢复食欲,可能与运动量安排不当有关。

(5)排汗量。运动时排汗量的多少与运动量大小、训练程度饮水量、气温、湿度以及神经系统状况有密切关系。在外界条件相同情况下,未经训练者的排汗量多。随着训练程度的增长,排汗量可减少。如果在相同情况下,排汗量比过去明显增多,特别是夜间睡眠中出大量冷汗,表明身体极度疲劳,应加以注意。

(二)客观检查

(1)脉搏。测脉搏时,除注意频率外,还应注意节律。测晨脉对了解身体机能变化有重要意义。在锻炼期间,若每分钟晨脉比过去减少或无明显改变,节律齐,表明身体机能反应良好,有潜力;若每分钟比过去多12次以上,表明身体机能反应不良,可能与疲劳未消除或身体有病有关。如果晨脉比过去增加明显,且长期不恢复到原水平,可能是早期过度训练的表现。

（2）体重。在体育锻炼期间,体重出现"进行性下降"现象（每月测一次）,并伴有其他异常征象（如睡眠失常、情绪不好等）时,可能为早期过度训练的表现。

（3）运动成绩。运动成绩长期不增长或下降,可能是身体机能状态不良的反应,也可能是早期过度训练的表现。在客观检查中,除上述几项指标外,还可以根据设备条件和需要,测定握力、肺活量、呼吸频率等生理指标。

（4）女生应建立月经卡制度,记录来潮日期、持续天数、经量、经期自我感受及经期体育锻炼的反应。

第三章 运动损伤预防和应对

第一节　运动损伤的原因及预防原则

一、运动损伤的基本原因

　　发生运动损伤常与指导教师和学生对预防运动损伤的重要性认识不足有关。如学生参加体育锻炼,忽视循序渐进和量力而行,思想上急于求成,在锻炼时动作不准确而致损伤;或在训练的内容上亦不全面,一般训练与专项技术训练不符合规定要求;或指导教师的安全保护工作不够严密;或由于心理和生理状态不良如心情不舒畅、思想不集中,以及患病或伤病初愈勉强参加剧烈运动,都可导致损伤。有些损伤完全可以避免发生的,如在比赛中动作粗野,违反规则,甚至有意碰撞而造成的损伤。至于运动场地、器材设备、服装等不符合卫生要求,或由于气候不良,气温过高易发生疲劳中暑,气温过低易生冻疮或肌肉僵硬、弹性差诸种因素均可以发生运动性损伤。

二、运动损伤的预防原则

1. 提高运动损伤预防的思想意识

　　要预防运动损伤,指导教师和学生首先应提高对预防运动损伤重要性的认识,认真贯彻"预防为主"的方针,把安全教育和防伤措施列入教学和训练计划之中。学生要自觉遵守纪律,服从组织安排。

2. 加强训练,认真学习运动技术

　　对学生加强全面身体训练和基本技术的训练,提高运动能力和训练水平是降低损伤发生率的重要一环。学生要遵守循序渐进的学习和练习原则,量力而行。学习动作应从易到难,由简至繁,从分解动作到完整动作;切忌在身体疲劳的情况下,从事剧烈运动或进行高难动作的练习。

3. 运动前做好准备活动

准备活动可以提高中枢神经系统的兴奋性,克服人体机能活动的生理惰性,为正式训练做准备,从而提高肌肉的力量、弹性和灵活性。同时也可提高关节韧带的机能,增强韧带的弹性,使关节腔内的滑液增多,防止肌肉和韧带损伤。

4. 加强保护与自我保护

保护是体操运动中预防损伤的重要手段,因为体操动作多变难度较大,空间动作较多,容易出现错误或失手下跌,在进行器械练习或学习新动作时,应有懂得保护方法的人在旁进行保护,以防意外。同时学生也要学会自我保护,例如当重心不稳向前快摔倒时,要立即低头、屈肘、团身,以肩背部着地顺势滚翻,切忌用手直臂撑地,以免发生腕或前臂损伤。

5. 加强医务监督,注意设施卫生

学生参加体育锻炼,要定期进行体格检查,根据学生的既往病史、健康状况以及训练水平等,决定每个人可以参加的体育锻炼或比赛范围。禁止带伤、患病或缺乏训练的学生参加剧烈运动或比赛。学生要做好自我监督,随时注意自己的身体变化,若有不良反应,应及时调整运动量。要经常认真地对运动场地器械设备和个人防护用具(如护腕、护踝等)进行安全卫生检查,对不符合要求的用具应及时维修或更换。学生要注意不要穿不合适的服装和鞋子进行运动。

第二节 常见的运动损伤及其处理

一、肌肉拉伤

1. 原因

肌肉拉伤可能是由直接损伤引起,肌肉受到突然的直接牵引力所致,比如搬重物容易造成肌肉损伤。

肌肉拉伤也可能是因为间接损伤导致,比如短跑和跳跃时,肌肉的过大张力导致肌纤维过度拉伸,从而引起肌肉拉伤或断裂。

2. 症状与体征

肌肉拉伤主要表现为肌肉疼痛,皮肤有瘀伤或者肿胀,受伤部位活动受到限制。症状轻时拉伤的肌肉会有些僵硬,重时可能无法活动。

通常可以感觉到肌肉的拉伤。症状包括以下几点:突然发作的疼痛,肌肉酸痛,拉伤

部位活动功能受限,皮肤可有瘀青或变色,肿胀,肌肉痉挛,肌肉僵硬或无力。

轻度拉伤时,撕裂的肌肉可能会感觉有点僵硬,但仍有足够的弹性功能。严重的肌肉拉伤,是指肌肉严重撕裂,会导致剧烈疼痛,甚至无法活动。

3. 处理

一旦发生肌肉拉伤应尽快用冷镇痛气雾剂喷、冰敷、冷水冲淋等方法冷敷,然后加压包扎,抬高伤肢休息,这样可以减少出血,防止肿胀,避免血肿形成,对缩短疗程大有好处。中、晚期可视病情采用按摩、理疗、针刺和局部封闭,均可收到满意疗效。

外用药:早期宜用退热、消肿、止痛的药物,可外敷新伤药,或外贴701药膏、少林药膏等,也可外搽正骨水、痛肿灵等药酒;中、晚期宜用活血、舒筋、止痛生肌的药物,可外敷旧伤药,或外贴关节膏,风湿膏等类药膏,也可以外搽云香精扭伤灵等药酒;局部封闭疗法,视病情可使用当归注射液维生素B和可的松类药品加普鲁卡因等药物。

内服药:损伤初期可服消肿止痛、消炎止血的药物,如三七片、云南白药、跌打丸、索米痛片等;后期可服用舒筋活血片、小活络丸等。

对于肌肉和肌腱完全断裂者应及早手术治疗。

4. 预防

(1)加强体育道德教育,防止粗暴动作和故意伤人的行为发生。
(2)对严重挫伤者要抓紧治疗,防止组织粘连和骨化

二、踝关节韧带损伤

踝关节韧带损伤又叫足内翻扭伤、足外翻扭伤、歪足等。此损伤比较常见,在关节韧带损伤中,尤以外侧韧带损伤为多。在球类、田径体操、跳伞等项目中踝关节韧带损伤发生率较高。

1. 原因

人体在跑动、跳跃、扭转或从高处坠落时,由于以下原因,可能会引起踝关节损伤:足部在内翻位着地支撑、场地或地面不平、足底受到硬物的冲击、足部失去中立位,发生内翻或外翻、内翻和外翻的程度超过了踝关节的正常活动范围。

这些情况都可能使踝关节某一侧韧带的紧张性增高,或导致韧带纤维断裂等病理变化,引起踝关节扭伤。临床上以踝关节向前外侧的内翻扭伤最为常见,这种情况下,距腓前韧带受损的概率较高。

2. 症状与体征

个体在踝关节韧带损伤会经历以下症状:受伤后,踝关节外侧或内侧出现疼痛、肿胀、压痛,且活动受限;可能表现为行走困难,即跛行或完全不能行走;多数患者会在皮肤下出现淤血斑,轻微情况下仅限于足背和踝关节下方,严重时可能扩散至小腿下段。

通过以下方式可以帮助判断韧带损伤的情况:

（1）根据压痛点的位置。

（2）重复受伤动作时疼痛是否加重。

如果存在撕脱骨折,可能在踝部或踝尖部位感觉到压痛和骨折片。踝关节稳定性差,且有异常活动,可能表明韧带已完全断裂。如果怀疑有骨折、脱位或韧带断裂,应通过 X 光片进行确诊。

3. 处理

同肌肉拉伤。如果韧带完全断裂者,必须动手术修复韧带。

4. 预防

提高足部肌肉的力量和踝关节的稳定性与协调性,通过特定的练习增强足部和小腿肌肉,提高支撑力和稳定性。充分做好下肢的准备活动,进行充分的热身和拉伸,以提升肌肉温度和灵活性,降低受伤风险。提高自我保护能力,学习正确的运动技巧和落地姿势,提高对潜在危险的意识。合理运用保护支持带,如使用踝部支持带或绷带,为踝关节提供额外的支撑和保护。易伤者要特别加强防护,有既往损伤史或易受伤体质的个体应采取额外的预防措施,如佩戴护具。

三、胫腓骨疲劳性骨膜炎

胫腓骨疲劳性骨膜炎,也称胫腓骨应力性骨膜炎,常见于田径、篮球、足球等需要频繁跑、跳、踢的运动项目。

1. 原因

胫腓骨疲劳性骨膜炎多发生在初参加运动训练的人,常因训练方法不当引发。如在短时间内过度进行变速跑、后蹬跳、高抬腿跑或反复进行跳高跳远动作;跑跳动作不正确,落地时不会正确缓冲;在硬地面上反复进行跑跳练习;训练后未及时进行小腿肌肉的放松,导致肌肉过度疲劳。

2. 症状与体征

伤者通常表现为没有明显的受伤史,病情逐渐显现。症状可能包括:轻度情况下症状不明显;重度情况下,训练时感到疼痛,训练后疼痛加重,可能出现跛行。后蹬痛是本病的一个特有症状。在胫骨内侧缘的中段或下段可能有明显压痛或局限性肿胀。长期患病者可能在胫骨内侧缘触及小结节或硬肿块,按压时感到疼痛。

3. 处理

早期应减少下肢运动量,并使用弹力绷带包扎伤侧小腿或使用粘膏固定。

对于肿痛明显的患者,应停止跳跃练习,并外敷新伤药。

病程后期如果局部有硬结,可以采用按摩、理疗、针刺等方法,特别是梅花针疗法可能效果较好。

4. 预防

避免长时间在硬地面上进行过多的跑跳练习。正确掌握动作要领，注意跑跳时的放松和落地时的缓冲技巧。训练前要做好充分的准备活动。训练后要适当按摩小腿，或用温水浸泡，以帮助消除肌肉疲劳。

四、急性腰部扭伤

急性腰部扭伤主要指腰部肌肉、筋膜、韧带或椎间关节发生的急性损伤。这类损伤在举重、体操、武术等运动项目中较为常见。

1. 原因

负荷过重：如举重时超出躯干承担能力，腰背肌力不足以支撑，可能导致身体重心不稳或突然扭转引起扭伤。

超出生理活动范围：脊柱活动超出正常范围，如举重上挺时过度挺腹塌腰，可能导致肌肉拉伤或韧带损伤。

动作不正确：如不正确的提杠铃动作，未能有效利用下肢关节协同克服重力，使重力全部落在腰部。

活动不协调：缺乏准备活动，肌肉收缩不协调，无法适当反应外力，易导致腰部扭伤。

2. 症状与体征

有明确的受伤史，腰部突然剧痛。伤后局部可能出现轻度肿胀、疼痛，无法用力。严重时可能出现皮下淤血。行走困难，可能需要他人搀扶。咳嗽或喷嚏时疼痛加剧。起卧和翻身困难，腰部活动受限，肌肉发硬、痉挛及压痛。

3. 处理

急性期应卧硬板床休息，减轻疼痛与肌肉痉挛。
可采用针刺、按摩、理疗等方法治疗。
药物治疗可包括跌打丸、三七片、云南白药等中药。

4. 预防

运动前要充分做好准备活动，集中注意力。正确评估所承担的负荷与动作，思想上做好准备。训练中认真掌握动作要领，纠正不正确的动作。加强腰背肌肉力量练习，提高支撑能力。

第四章 常见疾病的防治

第一节 常见传染病及其防治

一、流行性感冒

流行性感冒简称"流感",是由流感病毒引起的急性呼吸道传染病。临床特点为起病急,全身中毒症状明显,有发热、头痛、全身酸痛等症状。

(一)病因与流行病学

流感病毒分为甲、乙、丙三型。其中,甲型流感病毒的抗原结构易发生变异,是流感反复流行和大流行的主要病原体。流感患者是主要的传染源,尤其在病程初期的 3 天内传染性最强。流感病毒主要通过空气飞沫传播,人群普遍易感。

(二)临床表现

流感的潜伏期通常为 1~3 天,最短可能只有数小时。

(1)典型流感:症状包括急起畏寒、高热、显著乏力;头痛、全身肌肉酸痛、咽喉干痛;较少出现鼻塞和流涕,部分患者可能有腹泻,表现为水样便;发热通常在 1~2 日内达到高峰,3~4 日内退热,乏力感可能持续 1~2 周以上。

(2)轻型流感:起病急,但发热程度不高,全身和呼吸道症状较轻,病程一般为 2~3 天。

(3)流感病毒肺炎:主要影响老年人、幼儿或有严重慢性心肺、肾脏疾病的患者,以及使用免疫抑制剂治疗的个体。起初症状类似典型流感,但 1~2 日后病情迅速加重,表现为高热、衰竭、剧烈咳嗽和血性痰,随后可能出现呼吸急促和发绀;X 射线检查可见两肺呈现弥漫性云絮状、小片状淡薄阴影。

(三) 预防与治疗

1. 预防

加强体育锻炼：提高机体抵抗力是积极主动的防病措施。

隔离和治疗：对病人进行隔离和治疗，在流行期间应暂时停止大型集会和集体文娱活动，降低发病率和控制流行。

消毒：在流行期间对公共场所加强通风，必要时进行喷洒消毒或使用食醋熏蒸。

疫苗预防：面临大流行时，可在城市及近郊人群中进行流感疫苗预防接种。

药物预防：可选用具有清热解毒和解表利湿作用的中草药煎服。金刚烷胺盐酸盐对甲型流感病毒有一定的预防作用。

2. 治疗

对症治疗：对流行性感冒的治疗主要是解热止痛等对症治疗，并预防继发性细菌感染。呼吸道隔离至退热后 48 小时解除。

中草药治疗：贯众、板蓝根、大青叶、金银花、连翘、葛根等具有清热解毒的作用，患者可服用。

针灸疗法：有发热、头痛、身痛时可以针刺合谷、风池、曲池等穴位。

对症治疗：有高热、烦躁者可使用复方阿司匹林；有继发细菌感染时使用抗菌药物，如青霉素或磺胺类药物等治疗。

二、肺结核

结核病是由结核分枝杆菌引起的慢性传染病。人体感染结核分枝杆菌后，并不一定立即发病。结核病的发病通常与个体的免疫力有关，当抵抗力下降时，结核分枝杆菌才可能引起活动性结核病。结核病可以影响全身多个脏器，包括但不限于以下情况。

肺部：肺结核是最常见的形式，可导致咳嗽、咳痰、咳血等症状。

肾脏：虽然较少见，但结核分枝杆菌也能侵犯肾脏，引起肾结核。

中枢神经系统：侵犯脑和脊髓，可能引发结核性脑膜炎。

骨骼：脊椎结核是骨骼结核中最常见的类型。

肠道：肠结核可导致腹痛、体重下降等症状。

此外，结核病还可能影响淋巴结、泌尿系统、生殖系统等其他身体部位。

(一) 病因与流行病学

结核分枝杆菌生长缓慢，有抗酸性，故称抗酸杆菌。结核分枝杆菌具有较强的外界环境抵抗力，但可以通过以下方法杀灭：①在烈日下暴晒 2 小时；②煮沸 15 分钟；③使用 5％至 12％的来苏水接触 2 至 12 小时；④使用 70％酒精接触 2 分钟。结核病的主要传染源是排菌的肺结核患者，通过呼吸道传播，易感者吸入含结核菌的飞沫或尘埃后可能被感染。

（二）临床表现

1978 年全国结核病防治会议将常见的肺结核病变性质归纳为五个类型：①原发性肺结核；②血行播散型肺结核；③浸润型肺结核；④慢性纤维空洞型肺结核；⑤结核性胸膜炎。

临床上，肺结核可分为原发性和继发性两大类。原发性肺结核是结核分枝杆菌初次感染在肺内发生的病变，多见于儿童。继发性肺结核通常发生于曾感染过结核分枝杆菌的成年人，当免疫力下降或与排菌患者密切接触时可能发病。继发性肺结核中，浸润型肺结核最为常见。

1. 症状

肺结核起病缓慢，病程较长，许多患者无明显症状或仅有轻微不适，有时仅在体检中发现。症状明显者可能有午后低热、乏力、食欲减退、体重下降、盗汗等，女性可能出现闭经或月经不调。常见症状还包括干咳或少量黏液痰，约 1/3 患者可能有咯血、胸痛等。

2. 体征

早期病变小或位于肺组织深部时，可能无明显异常体征。

3. 检查

（1）X 线检查：病灶多见于肺尖和肺尖下部，可为单侧或双侧肺部病变，表现为云雾状、絮状阴影，边缘模糊。X 线检查对肺结核的早期诊断、确定病灶性质、部位、范围及发展情况，以及临床分型和治疗方案的确定都具有重要作用。

（2）痰结核分枝杆菌检查：痰中检出结核分枝杆菌是诊断肺结核的最可靠依据。痰菌阳性说明病灶开放性，具有传染性。

（三）预防与治疗

1. 预防

控制结核分枝杆菌在空气中的传播是预防肺结核的关键。具体措施包括以下方法。

（1）广泛开展卫生宣传教育。提高公众对结核病的认识，自觉养成良好的卫生习惯，如不随地吐痰。

（2）定期健康检查。X 线检查是发现早期肺结核的主要方法，对饮食服务行业工作者、学校学生等高风险群体，建议每年进行至少一次体检。

（3）加强肺结核病人的管理。早期诊断的肺结核患者，特别是开放性肺结核患者，应及早住院和隔离治疗。患者要养成良好的卫生习惯，避免传播他人。

2. 治疗

治疗肺结核的目标是控制疾病、促进病灶愈合、消除症状和预防复发。治疗时应注意以下原则：

（1）遵循"五坚持"原则。确保治疗早期开始、规律用药、全程完成、联合用药、适量给药。

（2）选择疗效好、毒副反应少的药物。常用的抗结核药物包括异烟肼、利福平、链霉素等。

（3）利用杀菌优势。结合最有效的抗结核药物，缩短疗程，现代短程治疗通常持续6至9个月。

（4）加强营养和休息。在治疗期间，患者应保证充足营养和充分休息，以促进身体恢复。

第二节　常见疾病及其防治

一、常见寄生虫病

由原虫和蠕虫引起的疾病统称为寄生虫病。其中，原虫包括疟原虫等，而蠕虫则包括蛔虫、钩虫、绦虫、囊尾蚴（通常指猪带绦虫的幼虫阶段）和血吸虫等。寄生虫病往往具有显著的地理分布特征。

（一）蛔虫病

蛔虫病是由蛔虫寄生于人体小肠引起的疾病。病程早期，幼虫在体内移行时可能引起呼吸道过敏症状和炎症；成虫在小肠寄生时可能引起腹痛等肠道功能紊乱。大多数患者无明显症状，称为蛔虫感染；少数患者可能出现胆道蛔虫病和蛔虫性肠梗阻等严重并发症。

1. 病因与流行病学

人蛔虫是寄生在人体内最大的线虫之一，形似蚯蚓，其受精卵具有感染致病能力。蛔虫不需要中间宿主，受精卵在适宜的温度和湿度的环境下发育成感染性虫卵。虫卵被人吞食后进入小肠，幼虫脱壳，穿破肠黏膜，经血液循环到肺部，再经气道移行至咽部，被吞咽后在小肠内发育为成虫。成虫在小肠内寄生，存活期为1至2年。蛔虫感染者和患者是蛔虫病的主要传染源。个人卫生习惯不良，尤其是饭前便后不洗手，以及生食未充分洗净的蔬菜和瓜果，可能导致摄入附着有感染性蛔虫卵的食物，从而感染蛔虫。

2. 临床表现

当蛔虫的幼虫阶段（蛔蚴）移行至肺部时，患者可能会出现低热（由于幼虫引起的免疫反应）和轻咳（幼虫在肺部移行时刺激呼吸道）症状。蛔虫成虫在小肠内寄生时，如果成虫数量较少，患者可能没有明显的自觉症状；如果成虫数量较多，可能会出现腹痛、厌食、易饥感和异嗜癖（对非食物物品有食欲）。

腹痛通常表现为脐周的阵发性疼痛，可能会自行缓解，缓解后患者活动如常。部分患者可能会出现夜间磨牙或皮肤瘙痒等症状。诊断蛔虫感染的方法之一是粪便检查，通过显微镜检查粪便样本，可在部分患者中检出蛔虫卵。

3. 预防与治疗

（1）预防

积极查治病源，控制传染源。

改善卫生条件，加强厕所卫生建设，实行粪便无害化处理。

养成良好的卫生习惯，如饭前便后洗手，不直接用手抓取熟食，避免食用未洗净的生菜和不洁食物。

（2）治疗

使用驱虫药物，如肠虫清（阿苯达唑）、复方甲苯达唑等，注意掌握用药剂量。

发生并发症时应及时住院治疗。

（二）钩虫病

钩虫病是由十二指肠钩虫或美洲钩虫寄生于人体小肠所致的肠道寄生虫病。临床上主要表现为贫血、营养不良、胃肠功能失调；无症状者称为钩虫感染。

1. 病因与流行病学

钩虫属于吸血蠕虫，成虫大小类似绣花针。钩虫的生命周期不需要中间宿主。虫卵随粪便排出体外，在温暖潮湿的土壤中发育成感染性的丝状蚴（幼虫）。当人体皮肤接触受污染的土壤时，丝状蚴可迅速穿刺皮肤，通过皮下毛细血管和淋巴管进入血液循环，最终达到肺部。在肺部，幼虫穿破微血管进入肺泡，沿支气管上移至咽部，随吞咽动作进入消化道，在小肠发育为成虫。成虫可在人体内生存数月至数年。

钩虫病的主要传染源是钩虫感染者和患者。钩虫主要通过皮肤或黏膜侵入人体，手指和足趾间的皮肤是最常见的侵入部位。经口感染也是一个途径。人群普遍易感，尤其是农民，因为他们经常接触湿土，受感染的机会较高。

2. 临床表现

丝状蚴侵袭皮肤可导致皮炎，表现为局部剧烈瘙痒和烧灼感，并可能出现丘疹，1～2天后发展成水疱。成虫在小肠寄生，可能引起腹痛、腹泻、头昏、食欲不振、易疲劳等症状；由于成虫吸血，患者可能出现不同程度的贫血。幼虫移行至肺部可能引起咳嗽，痰中带血丝，甚至哮喘。

化验粪便可检出钩虫卵，粪便隐血试验可能呈阳性，血常规检查显示红细胞计数减少，血红蛋白量降低等。

3. 预防与治疗

（1）预防

开展普查普治，针对钩虫病人和感染者进行治疗。

妥善处理人粪，实行无害化处理，避免使用生粪。

加强个人防护，田间劳动时穿鞋，减少赤手操作，或在手脚涂抹2％碘酒以预防感染。

（2）治疗

若田间劳动后出现皮疹，应使用左旋咪唑涂肤剂进行局部用药，严重情况可能需要连续用药2日，以杀死侵入皮下的丝状蚴。

纠正贫血，增加营养，服用治疗贫血的药物，如硫酸亚铁、补血糖浆等，并加服维生素C以促进铁剂吸收。

驱虫治疗可口服阿苯达唑、甲苯达唑等药物。

（三）疟疾

疟疾，俗称"打摆子"，是由疟原虫通过按蚊叮咬传播的寄生原虫病。临床上以周期性定时发作的寒战、发热、出汗以及贫血和脾肿大为特征；凶险发作时病情危重，甚至可能导致死亡。

1. 病因与流行病学

疟原虫是本病的病原体。寄生于人体的疟原虫有四种，分别是间日疟原虫、三日疟原虫、恶性疟原虫和卵形疟原虫。

疟原虫寄生于人体红细胞内。当病人血液中的疟原虫被雌性按蚊吸入后，在按蚊体内发育成为子孢子。当这种带疟原虫的雌性按蚊叮咬健康人时，子孢子随蚊子唾液侵入人体，在肝细胞内发育，然后进入红细胞内增殖和发育，并胀破细胞释放入血，引起疟疾的临床表现。在这一过程中，按蚊是疟原虫的传播宿主，人是中间宿主。

疟疾病人和带疟原虫者是疟疾的传染源，通过按蚊传播。人群对疟疾普遍易感，感染后可产生一定的免疫力。因此，重复感染后，一些人血中可能仍有疟原虫繁殖，但可能不出现疟疾发作而成为带虫者。疟疾的流行与按蚊关系密切，在热带和亚热带地区适宜按蚊生长和繁殖，因此这些地区是疟疾的多发病地区，以夏秋季发病最多。

2. 临床表现

不同类型的疟疾有不同的潜伏期，间日疟和卵形疟为10～15日，三日疟为21～30日，恶性疟为7～12日。疟疾的典型特点是周期性或间歇性发作，典型发作分为以下三个阶段：

（1）寒战期。患者突然感到寒冷，出现寒战，脸色苍白，四肢冰凉，持续时间为10分钟至1小时。

（2）发热期。寒战之后，体温迅速上升，常达到39℃～41℃，患者感到烦躁、口渴，伴有头痛、全身酸痛，脉搏加快。部分患者可能出现抽搐或谵语，此期持续2～6小时。

（3）出汗期：高热之后，患者开始大量出汗，体温急剧下降，症状缓解，患者感到疲乏并入睡，此期约为1～3小时。

间日疟通常隔日发作一次，三日疟每3日发作一次；卵形疟类似间日疟，但症状较轻。恶性疟发病急，热型不规则，常出现凶险发作，包括脑型疟疾、胃肠型疟疾，并可能并发严重的溶血性贫血、急性肾功能衰竭、肺水肿等。患者可能出现脾肿大、肝肿大，多次发作后可能有不同程度的贫血。血涂片检查发现疟原虫是诊断疟疾的可靠依据。在患者寒战和发热期间采血检查，阳性率较高。

3. 预防与治疗

（1）预防

控制传染源，彻底治疗疟疾患者，减少疟原虫在人群中的传播。

改善环境卫生，疏通沟渠，减少积水，消灭蚊子及其滋生地。

生物控制和化学控制：例如养鱼以消灭蚊子的幼虫，使用灭蚊药杀灭成蚊。

运用各种手段如蚊帐、驱蚊剂等防止蚊子叮咬。

在高疟区流行季节，对高风险人群进行预防性服药。

注意对无症状带疟原虫者的治疗，以减少传染源。

（2）治疗

在高发区和曾到过高发区的人，如有类似疟疾症状，应立即前往当地医院就诊，避免延误治疗。

确诊后应根据具体病情进行对症治疗，如补液、退热等，要彻底控制症状发作和预防复发及传播。可服用抗疟疾药物，如氯喹、伯氨喹、乙胺嘧啶等。

二、急性胃肠炎

急性胃肠炎是急性胃炎和急性肠炎的统称，临床上两者往往同时存在。

（一）急性胃炎

急性胃炎在临床上可分为单纯性、感染性、化脓性和腐蚀性四种。其中，单纯性胃炎最为常见，以下将重点介绍。

1. 病因

单纯性胃炎可能由化学药品、物理性刺激、细菌或细菌毒素等因素引起。常见引起胃黏膜损伤的药物包括水杨酸盐类、肾上腺糖皮质激素、吲哚美辛等；烈酒、浓茶等也可能刺激胃黏膜，导致炎症。物理因素如进食过冷、过热食物，食物粗糙，或摄食过快等均可能损害胃黏膜，引发炎症。临床上最常见的原因是摄入了受细菌或细菌毒素污染的食物，例如沙门氏菌属、副溶血性弧菌、金黄色葡萄球菌毒素等。

2. 临床表现

患者通常表现为上腹部不适或疼痛，伴随恶心、呕吐和食欲不振等症状。由于可能伴随急性肠炎，患者还可能出现腹痛和腹泻。在严重的情况下，患者可能会经历发热、脱水、酸中毒，偶尔伴有呕血或黑便，甚至休克。病程通常较短，大多数患者在 1 至 2 天后开始好转并自行恢复。

3. 预防与治疗

（1）预防

注意饮食卫生，避免食用腐败变质的食物，避免暴饮暴食，节制饮酒，并谨慎使用可能损伤胃黏膜的药物。

（2）治疗

去除病因，卧床休息，避免食用对胃有刺激性的饮食或药物，多喝水。对于腹痛剧烈的患者，可以使用阿托品、颠茄合剂等镇痛解痉药物；若因频繁呕吐、腹泻导致脱水和电解质紊乱，应进行静脉补液；若伴有急性肠炎，可考虑使用抗生素治疗。

（二）急性肠炎

1. 病因

急性肠炎主要由进食受细菌或细菌毒素污染的食物、暴饮暴食或腹部受凉引起，多见于夏秋季节。

2. 临床表现

通常急性起病，常在进食后数小时至 24 小时内发病。主要症状包括恶心、呕吐、腹痛和腹泻，呕吐物通常为刚摄入的食物。腹痛程度不一，可能表现为上腹部不适、持续疼痛或阵发性绞痛。腹泻的严重程度不等，每日排便次数可从数次到数十次，大便通常为黄色稀便、水样便或黏液便，有时伴有脓血。上腹部可能有轻度压痛，肠鸣音亢进。严重呕吐和腹泻的患者可能出现口渴、舌燥、眼眶下陷、皮肤弹性差等脱水症状，血压下降，可能出现酸中毒甚至休克。

3. 预防与治疗

（1）预防
注意饮食卫生，防止食品污染；确保水源安全，不饮用未经处理的水。
（2）治疗
患者应卧床休息，多饮开水；根据情况可能需要短期禁食。腹痛患者可使用解痉剂如口服阿托品或普鲁苯辛缓解疼痛。根据情况适当选用抗生素、小檗碱、复方新诺明或诺氟沙星等药物治疗。如果出现明显脱水，应及时进行补液治疗。

三、消化性溃疡

消化性溃疡是发生在胃肠道与胃液接触部位的慢性溃疡，其形成和发展与胃液中的胃酸和胃蛋白酶的消化作用密切相关，因此得名。由于溃疡主要出现在胃和十二指肠，所以也被称为胃和十二指肠溃疡。胃和十二指肠溃疡的发病率很高，曾有估计在社会人口中约有 10% 在一生中患过本病。在临床上，十二指肠溃疡较胃溃疡更为常见，多见于青壮年，男女之比约为 2：1～4：1。本病的病程通常是慢性且反复发作，对健康及劳动能力的影响很大。

（一）病因

本病的病因和发展机制较为复杂，目前尚未完全阐明。一般认为，溃疡病的发生与过度的精神紧张、不规律的饮食习惯、长期摄入粗糙和刺激性食物、吸烟以及服用某些药物（如阿司匹林、咖啡因和肾上腺糖皮质激素）有关，这些因素可能导致胃液分泌功能异常和胃黏膜损伤。

（二）临床表现

腹痛是消化性溃疡的主要症状，具体特点如下：

起病缓慢，患者常有上腹部疼痛的反复发作和缓解的病史，病程可能持续几年至数十年。

患者会经历发作期与缓解期的交替。秋末和冬季复发较为常见，气候变化、过度疲劳、饮食不当或某些药物的使用也可能诱发或加剧症状。

胃溃疡的疼痛通常在餐后 0.5～1 小时内出现，表现为饱食后的不适，因此患者可能会对进食感到畏惧；十二指肠溃疡的疼痛则通常在餐后 3～4 小时出现，表现为空腹时的不适，患者可能通过进食来暂时缓解；此外，十二指肠溃疡患者也可能经历夜间疼痛。

疼痛可能表现为饥饿样不适、胀痛或灼痛等；胃溃疡的疼痛通常位于剑突下正中或稍偏左，而十二指肠溃疡的疼痛则多在上腹正中或稍偏右；疼痛区域相对局限，大小类似手掌，严重或穿透性溃疡可能导致背部疼痛；使用制酸药物后，疼痛通常可得到缓解，尽管有些患者可能没有疼痛感或只有轻微不适。

除腹痛外，胃肠道症状表现为恶心、呕吐、嗳气、反酸、流涎等。部分患者有失眠、多汗、消瘦等症状。缓解期一般无明显体征，发作期间可有上腹压痛。

（三）并发症

大量出血：指单次出血量在 60～100 毫升以上，患者可能出现呕血和黑便。

穿孔：急性穿孔表现为突发性上腹剧痛，继而出现急性腹膜炎的征象，部分患者呈休克状态，多有气腹症；慢性穿孔即穿透性溃疡，多见于十二指肠后壁溃疡。

幽门梗阻：位于十二指肠球部或幽门的溃疡，由于局部组织充血、水肿、痉挛和瘢痕形成所致幽门梗阻。临床表现为餐后上腹痛，大量呕吐宿食，吐后症状缓解，有明显胃型和胃蠕动波，病人消瘦脱水，重者有电解质和酸碱平衡紊乱。

癌变：部分胃溃疡可有癌变，特别是年龄在 45 岁以上的胃溃疡患者，经积极的内科治疗疗效差，食欲减退，体重减轻，粪便隐血试验持续阳性要考虑癌变可能，应进一步检查确诊。

（四）预防与治疗

1. 预防

保持乐观，要有秩序地工作，生活要有规律，积极锻炼身体，避免过度紧张，注意腹部保暖。

饮食调节是根本措施，宜吃易消化的食物，少食酸辣等刺激性食物，节制烟、酒、茶。

忌用或慎用与溃疡发病有关的药物，如皮质醇类激素、阿司匹林、咖啡因等，必要时可同服制酸药。

积极治疗慢性胃炎、胃肠功能紊乱。对已患溃疡病的患者,不但在发作期间要积极治疗,在缓解期间也应预防复发。

2. 治疗

（1）治疗原则

整体与局部治疗相结合,中西医结合,调节生活和饮食习惯与药物治疗相结合,缓解期与发作期在治疗上配合要强调治疗的长期性和持续性。

（2）治疗方法

患者要消除顾虑,建立战胜疾病的信心;建立合理的生活规律,饮食应定时,避免过饥过饱和过快进食;避免刺激性大的饮食,如辛辣、浓茶、咖啡和香料等,应戒烟酒。

药物治疗:制酸药,如碳酸氢钠、复方氢氧化铝、氢氧化铝凝胶等;抗胆碱能药,如阿托品、颠茄酊等;组胺受体拮抗剂,如西咪替丁、雷尼替丁(以及第三代的受体阻滞剂法莫替丁、呱吡草酮、奥美拉唑、硝苯地平)等;镇静药,如罗通定、氯氮等;中医中药,如香砂六君丸等;抑制幽门螺杆菌药物,如呋喃唑酮、青霉素、甲硝唑等。

手术治疗和并发症治疗:针对不同的并发症进行治疗;具有手术指征的患者应施行手术。

四、神经衰弱

神经衰弱指由于长期的情绪紧张和精神压力导致大脑精神活动能力减弱的一种状态。其主要特征包括精神容易兴奋、大脑容易疲劳、睡眠障碍、头痛等,并常伴有情绪烦恼和某些躯体不适症状。

（一）病因

导致精神活动长期过度紧张的各种原因均可促发本病,如学习任务过重、工作忙乱、劳逸结合不当,以及工作或生活中长期思想矛盾未能正确处理,长期情绪紧张或精神压力等。具有癔症或自制能力差者,在受到外来致病因素的影响后,较易产生本病。

（二）临床表现

本病的主要临床特点是精神容易兴奋和迅速疲劳,并常伴有躯体不适感和睡眠障碍。患者常感到精神疲乏,注意力难以集中,记忆力下降,对近期发生的事情难以回忆;用脑稍久则出现头痛、眼花等症状;体力也易疲劳,常觉得四肢倦怠无力,工作或学习效率降低。患者对声音、光线和自身细微的躯体不适很敏感,且联想增多,常有头痛、头昏、心悸、关节痛等多种不适,产生疑病和焦急情绪。患者易烦躁、易激惹,遇到不如意的事情容易发怒,事后又感后悔。睡眠障碍表现为入睡困难、多梦、易醒,醒后不解乏,部分患者夜间不眠而白天嗜睡。有时可伴有心动过速、多汗、厌食、月经不调、频繁遗精等自主神经功能紊乱现象。本病通常逐渐起病,病程往往持续 3 个月以上。症状呈现波动性,在过度用脑或情绪不佳时可能加剧,而在适当休息或消除病因后症状会有所减轻。

（三）诊断与鉴别诊断

根据神经衰弱的发病特点、病程及临床表现可做出诊断。由于神经衰弱的一些症状可见于许多躯体疾病和某些重症精神病，因此鉴别诊断极为重要，应仔细分析病情，避免仓促下诊断。

（四）预防与治疗

1. 预防

预防神经衰弱的关键在于培养坚强的意志和良好的生活习惯，包括合理有序地安排工作和学习，保证充足的休息和睡眠，以及参与适量的体育锻炼。此外，学会有效应对压力和情绪困扰也是预防的重要方面。

2. 治疗

神经衰弱的治疗原则是综合治疗，包括精神治疗、药物治疗和物理治疗的结合。

精神治疗：通过心理咨询帮助患者认识和改变不利的思维模式和行为习惯。

药物治疗：使用抗焦虑药物和镇静催眠药物，如安定等，以缓解症状。根据患者的体质和症状，使用滋阴降火、养心安神的中药，如杞菊地黄丸、补心丹、宁神丸、五味子糖浆等。

物理治疗：采用针灸、耳针、理疗和推拿等方法，辅助改善患者的身体状况。

第五章 急救与互救技术

人生是短暂的，生命是宝贵的。一些意外伤害严重威胁人类生命，对这些意外事件及时进行现场初步急救处理，对减轻伤员痛苦、减少伤残、降低死亡率有着十分重要的意义。因此，人人都应该掌握急救基本知识。

第一节　现场心肺复苏术

心搏骤停，也称循环骤停或呼吸心跳停止，通常是由心脏功能突然丧失导致无法泵出足够的血液以维持脑细胞存活。如果能够及时实施有效的复苏处理（心肺复苏术），患者有很大机会得以生还。现场心肺复苏术是通过心脏按压、人工呼吸等手段在现场重建血液循环和呼吸的过程。

导致心搏骤停的常见原因包括：①各种器质性心血管疾病的发作，如急性心肌梗死、心肌炎、先天性心脏病等；②意外事故，如严重创伤、电击伤、溺水、中毒等；③体内酸碱平衡失调与电解质紊乱，如严重酸中毒，高钾或低钾血症等；④急性传染病等。

心脏一旦停止跳动，心肺便无法继续为组织提供氧气。人体的储备能力一般仅能维持组织微弱代谢4～5分钟，这是大脑能够耐受缺氧的极限。超过这个时间，大脑可能会发生不可逆的损伤。因此，一旦确认病人心搏骤停，必须立即进行现场心肺复苏术。

判断病人是否心搏骤停的方法是"一看二问三检查"：

一看——观察病人是否突然失去意识、昏迷、呼之不应；

二问——检查病人是否有反应；

三检查——检查颈总动脉、股动脉等大动脉是否有搏动，同时确认呼吸是否停止。

如果上述症状同时出现，可以立即诊断为心搏骤停或临床死亡。此时，应立即开始心肺复苏术，并紧急呼救。现场心肺复苏术包括人工呼吸和心脏按压。人工呼吸是通过口对口或使用呼吸面罩的方式，为患者提供必要的氧气；心脏按压是通过胸外按压，尝试人工方式维持血液循环。

一、人工呼吸

人工呼吸是通过人工方法向病人身体提供足够的氧气，并有效地排出体内的二氧化碳,从而为恢复自主呼吸创造条件。尽管存在多种人工呼吸的方法,徒手操作的口对口人工呼吸法因其简便易行和可靠的效果而广受推崇。

(一) 人工呼吸方法

人工呼吸的方法和步骤如下:

松开病人衣领、裤带,使病人仰卧,其头尽量后仰,术者一手托起病人的下颌以避免舌后坠,并迅速检查、清除口、鼻中的异物。

仰头抬颈法急救者一手捏紧患者鼻孔,深吸一口气,尽力张开嘴,套住病人的嘴并紧贴住,连续快速吹气两口,使气体进入病人肺(如图 5-1 所示)中,然后,放开鼻孔,停止吹气,使气体由于胸的自动下陷而被动排出。吹气过程如此反复进行,成人 16～18 次/分钟,儿童 18～24 次/分钟。

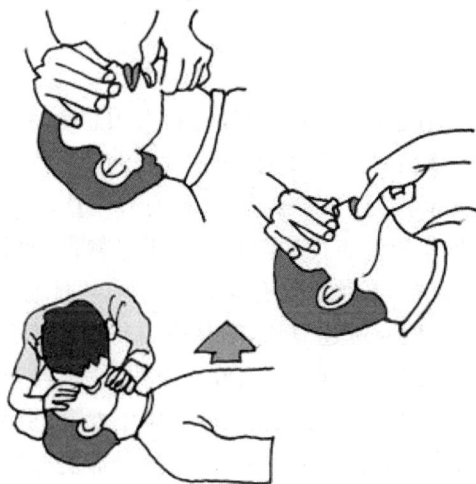

图 5-1 人工呼吸示意图

(二) 注意事项

(1) 注意观察患者的胸部是否隆起,看吹气是否有效,吹气量是否适度,一般以吹气后患者之胸廓有比较明显的隆起为适宜,这个标志说明呼吸道是通畅的,进入气体的量也是适度的。

(2) 吹气用力大小,要看病人的年龄和身体情况而定。一般用力不宜过大,病人胸部起伏高低和正常呼吸相接近时为宜。吹气过小,达不到急救的目的;大力吹气可致肺泡破裂,弊多利少,气体一旦入胃内则造成胃扩张,严重时能引起迷走神经反射性心跳缓慢,甚至心脏停搏。所以在操作时救护人员可用手按压一下胃部,以助气体排出,操作中还须注意病人自主呼吸的恢复,一旦病人恢复自主呼吸,人工呼吸仍需要进行一段时间,节律应与自主呼吸相一致。当病人呼吸停止、牙关又咬紧、双唇紧闭、皮色青紫时,说明病人呼吸刚停,脑缺氧出现兴奋,使肌肉紧缩,这时只能用口对鼻吹气,吹气方法大致同口对口吹气,用一手轻捏双唇,防止气从口流出。

二、心脏按压

心脏按压是指通过有节律地对心脏进行按压,用人工的方法代替心脏的自然收缩,从而达到维持血液循环目的的急救方法。心脏按压有两种方法,即胸内心脏按压和胸外心脏按压,现场急救以胸外心脏按压最为实用。当病人气道已经打开,经口对口连续吹气两口使肺泡充满气体,此时应测颈总动脉有无搏动。若未触及颈总动脉搏动,表明心跳已经停止,应立即进行胸外心脏按压。

(一)胸外心脏按压方法

1. 挤压准备

使患者仰卧在硬板上或平地上,以保证挤压的效果。

2. 挤压方法

如图 5-2 所示,救护人员跪姿于病人左侧,测病人颈总动脉搏动,将一手掌根部置于病人胸骨中下 1/3 交界处(或胸骨下 1/2 处),另一手压在该手背上。为使力量集中于手掌根部,手指和手掌心需翘起,完全不接触胸壁;肘关节伸直,身体前倾,利用上身重量和肩、臂部肌肉力量,有节奏地带有冲击性地向脊柱方压迫胸骨,使胸骨下陷 4~5 cm,从而间接压迫心脏使血液搏出。挤压必须平稳有规律地进行,不能猛压、猛松;每次下压完毕,手掌根部不要抬起离开胸壁,但应迅速放松,使胸廓自行弹起恢复原来形状,而胸腔内压下降,心脏舒张,血液回流到心脏。如此下压、放松交替,就相当于心脏收缩与舒张交替作用。下压的力量要适度,力量太轻不能挤动心脏,而挤压太重,易引起肋骨骨折,骨折断端可刺破肺和肝。抢救儿童和婴儿,应在胸骨中部进行胸外心脏按压。对儿童用单手掌根下压,使胸骨下陷 2~3 厘米即可,对新生儿只用两手指下压使胸骨下陷 2 厘米即可达到目的。

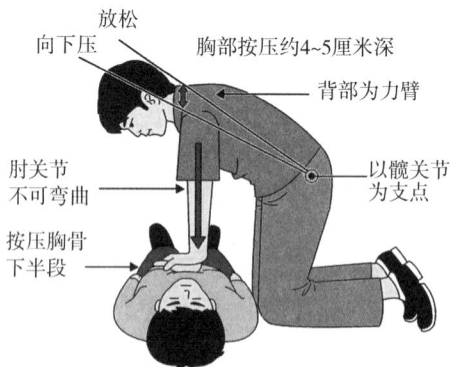

图 5-2 胸外心脏按压示意图

3. 挤压次数

成人每分钟 60~80 次,小儿每分钟 80~100 次,挤压与放松的时间应当大致相等,以确保有效的血液循环。在进行胸外按压的过程中,救护人员应同时观察按压的效果。如果能感觉到患者颈总动脉或股动脉搏动,这表明心脏按压是有效的。需要注意的是,某些情况下应避免使用人工胸外挤压法:

①多根多段肋骨骨折,因为胸外按压可能会加重损伤。

②严重张力性气胸,因为按压可能会加重气胸的严重程度。

③怀疑有心肌裂伤,因为胸外按压可能会加重心脏损伤。

④开放性气胸,因为胸外按压可能不利于气胸的封闭和治疗。

(二)心前区捶击术

胸外心脏按压的另一种变相做法是胸部捶击,即心前区捶击术,这种方法使用拳头捶击胸部以尝试促使心脏复跳。严格来说,它不能起到持续人工心跳的作用,而主要是通过刺激心脏来尝试恢复心脏的活动。

对于刚刚停跳的心脏,由于其应激性较高,叩击心前区可以通过震动刺激心脏,将机械能转化为电能,起到类似除颤和调整心律的作用,以引发心脏复跳。因此,这种方法只适用于心跳刚刚停止半分钟以内的患者。如果心跳停止的时间已经超过几分钟,应直接进行标准的胸外心脏按压。

捶击的正确部位应在左侧乳头到胸骨之间的区域。操作者需手握拳,从距胸部上方大约 30 厘米的高处进行捶击(如图 5-3 所示),连击一至两次后,应停下来听诊心音或触摸大动脉(如颈动脉或股动脉)的搏动,以判断心脏是否有搏动。如果未感觉到搏动,则应立即开始进行胸外心脏按压。

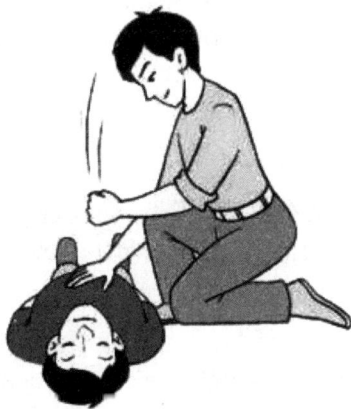

图 5-3 心前区捶击术示意图

三、单人心肺复苏和双人心肺复苏

现场急救通常需要同时进行口对口人工呼吸和胸外心脏按压。当患者的心跳突然停止时,呼吸也会随之消失,因此必须同时进行这两项操作以支持生命。自 20 世纪 60 年代以来,在心脏停搏复苏成功率的提高方面,口对口吹气与心脏按压的协调进行是一个重要因素,它确保了氧气和血液的供应。

（一）单人心肺复苏

当现场只有一名抢救者时，应采用单人抢救复苏术。抢救者应立即交替进行口对口人工呼吸和心脏按压。操作方法可以是先吹一口气，然后进行 5 次心脏按压；或者连续吹两口气，然后进行 8 至 10 次心脏按压。操作应如此反复进行，胸外心脏按压的频率应为每分钟 60 至 80 次。挤压与吹气的比例应为 15∶2，即每挤压心脏 15 次，进行 2 次口对口吹气。

（二）双人心肺复苏

当现场有两名抢救者时，应采用双人抢救法。一人负责进行心脏按压，另一人负责进行人工吹气。两名抢救者需要协调配合，以达到更好的抢救效果。挤压速度应为每分钟 60 次。心脏按压与吹气的次数比例应为 5∶1，即每挤压心脏 5 次，进行 1 次吹气，交替进行。

第二节　外伤处理

一、伤口处理

当意外伤害事故发生后，受伤者可能会遭受肢体皮肤和肌肉、韧带的撕裂，形成开放性损伤，这类伤口常伴有细菌污染。在确保受伤者生命体征稳定后，应立即进行以下清创步骤，以预防局部感染和避免感染扩散。

1. 伤口周围皮肤的清洁

使用消毒纱布、棉垫或干净的布料覆盖伤口，防止进一步污染。如有毛发，应先剃除或剪去。用肥皂和水清洗伤口周围的皮肤，然后擦干。若有油污，可先用汽油擦洗。

2. 伤口的初步清洗

去除伤口覆盖物，检查并清除伤口中的异物，使用消毒镊子进行操作。对于可见的大出血点，使用消毒止血钳进行处理。用大量生理盐水（0.9％氯化钠溶液）冲洗伤口。使用无菌纱布轻轻填入伤口，然后用棉垫覆盖，并用绷带固定。

3. 受伤部位的固定与抬高

特别是当伤口出现肿胀时，必须抬高伤肢，并加以固定。

4. 医院治疗的转送

若伤口疼痛加剧，损伤范围和程度扩大，或伤口出现红肿热痛，且伴随流脓、发热、出汗、口渴，甚至寒战和昏睡等症状，以及伤口附近淋巴结肿大和疼痛，是感染严重的迹象。一旦发现这些症状，应尽快将受伤者送往医院接受专业治疗。

二、出血与止血

(一) 出血速度与症状

正常人体血量大致相当于体重的 7%～8%，但实际测定显示不同年龄人群的血量与体重的比例存在差异(见表 5-1)。以一位健康成年男性为例，若其体重为 60 公斤，则其全身血量计算如下：$60×(7\%～8\%)=4\,200$ 至 $4\,800$ 毫升。

表 5-1　人体血量

分类	正常血量(mL/kg)
成年男性	78
成年女性	66
1～17 岁儿童	77
足月顺产的新生儿	85
早产婴儿	100

人体总血量分为两部分：贮存血(储存在脾、肝、骨髓和皮肤等器官中的血液)和循环血(在心血管系统内流动的血液)。当人体受伤出血时，贮存血会参与循环，显示出一定的代偿能力。然而，一旦出血量超出这一能力，便会出现严重的失代偿症状，甚至可能危及生命。失血的症状和后果受出血速度和出血量的影响。一般来说，出血速度越快、出血量越大，失血症状就越明显，危险性增加，后果也越严重。出血量可分类如下：

①小出血：不足 500 毫升；

②中等出血：500～1 500 毫升；

③大出血：大于 1 500 毫升。

以体重 60 公斤的健康成年男性为例，失血量占全身血量的 10%(即 468 毫升)时，通常不会出现明显症状。但当失血量达到全身血量的 20%(约 936 毫升)以上时，可能会出现以下休克症状：血压下降、脉搏细弱、烦躁、眩晕、面部及口唇苍白、皮肤湿冷。若失血量达到全身血量的 40%至 50%(约 1 872～2 340 毫升)，则生命将受到严重威胁。在意外事故尤其是创伤出血的情况下，出血量往往较大。面对大出血，现场急救的首要任务是及时止血，随后再进行其他急救措施和安排转送。

(二) 出血类型

1. 根据出血来源划分

(1) 动脉出血。血液颜色鲜红，呈喷射状流出。可能导致短时间内大量失血，引起生命危险。

（2）静脉出血。血液流出速度较慢,颜色较暗。大静脉出血时,血液流出可能随呼吸运动而变化,吸气时较缓,呼气时较快。其危险性通常小于动脉出血。

（3）毛细血管出血。血液从整个伤口表面渗出,颜色鲜红。通常能够自行凝固止血,因此危险性较小。

2. 根据出血位置划分

（1）外出血。血液从皮肤损伤处向外流出,容易直接观察到。在紧急情况下,尤其是当伤员背部出血或穿着厚重衣物时,外部可能看不到血迹,容易忽略。这要求急救人员检查伤员衣物内部或背部,以确认是否存在出血。

（2）内出血。血液从破裂的血管流入组织、脏器或体腔内,例如胸腹部创伤后血液积聚在胸腔或腹腔内。这类出血不易直接观察,失血量也难以估计,常需根据休克症状进行诊断。有些内出血可以通过观察到的症状发现,如十二指肠溃疡或胃溃疡出血,血液先积聚在胃肠道内,然后通过呕吐或大便排出(表现为黑色大便),从而引起注意。

（三）止血方法

在处理出血时,根据出血的类型和严重程度,可以采用以下止血方法:

1. 指压止血法

指压止血法适用于较大动脉出血。使用拇指在出血血管的近心端施加压力,以暂时中断血流。这是一种临时措施,随后应更换为其他止血方法。

2. 加压包扎止血法

加压包扎止血法适用于小动脉、静脉及毛细血管出血。首先在伤口上放置消毒纱布,然后用纱布卷、棉团、毛巾等折成垫子放在敷料外面,接着用三角巾或绷带紧紧包扎,以达到止血目的。若伤口有骨折,需另加夹板固定。包扎范围应超出伤口边缘5～10厘米。

3. 加垫屈肢止血法

加垫屈肢止血法适用于上肢与小腿出血,且无骨折和关节损伤。例如,上臂出血时,可将垫子放在腋内,上臂紧贴胸侧,用三角巾、绷带或腰带固定胸部。

4. 止血带止血法

止血带止血法适用于四肢大出血,且其他止血方法无效时。止血带是一种简便且效果可靠的方法,但使用不当可能导致肢体坏死或截肢。使用止血带时,应严格掌握适用条件,仅限于四肢较大血管出血且加压包扎无效的情况。

止血带可使用弹性好的橡皮管、橡皮带,紧急情况下也可使用布带、裤带、领带等代替。上肢结扎于上臂上1/3处,下肢结扎于大腿中部。结扎前应先抬高伤肢,垫上敷料或软织物,将止血带绕肢体两周并打结固定。需在局部做标记,记录结扎时间,并每40分钟左右放松一次止血带1～2分钟。上止血带的时间应尽量缩短,最长不超过4小时,且应优先转送伤员。

5. 特定部位的压迫止血法

（1）颞动脉压迫止血法：适用于同侧头顶及颞部（太阳穴区域）的动脉出血。操作时，使用拇指或食指在耳前正对下颌关节下施加压力。

（2）颌下动脉压迫止血法：适用于腮部及颜面部的出血。操作时，使用拇指或食指在下颌角前约 1.5 厘米处压迫颌外动脉。

（3）颈总动脉压迫止血法：适用于头颈部大出血，且其他止血方法无效时。操作时，在气管外侧、胸锁乳突肌前缘，将伤侧颈动脉向后压于第 5 颈椎上。注意不要同时压迫双侧，以避免阻断颈内动脉向脑部供血，压迫时间也不宜过长，约 10～20 秒。

（4）锁骨下动脉压迫止血法：适用于腋窝、肩部及上肢出血。操作时，用拇指在锁骨上凹处找到动脉跳动点，其余四指放在伤员颈后，用拇指向下内方向压向第一肋骨。

（5）肱动脉压迫止血法：适用于手、前臂及上臂下部出血。操作时，在伤员前面或后面，用拇指或四指压迫上臂内侧的肱动脉。

三、包扎与固定

伤口经过清洁处理后，或在没有条件清创时，为了避免伤口污染加重，必须对伤口进行包扎。包扎是急救技术中常用的方法之一，具有压迫止血，保护伤口，减少污染，固定骨折和敷料、夹板等的作用。最常用的包扎材料包括绷带、三角巾、四头带、橡皮硬膏，也可使用毛巾、手绢、被单、布块、衣服、领带等代替品。常用包扎法有以下几种：

（一）绷带包扎法

（1）环形法：适用于手腕部、肢体粗细相等的部位。第一圈环绕稍呈斜状，后续圈环形重叠，最后打结或用粘膏固定。

（2）蛇形法：多用于夹板固定，按环形法缠绕数圈后，间隔斜着上缠或下缠。

（3）螺旋形法：适用于肢体粗细相差不多的地方，先环形法缠绕数圈，然后每圈盖住前圈的部分呈螺旋形上缠。

（4）螺旋反折法：用于肢体粗细不等处，先环形法缠绕数圈，待缠到渐粗部位时，每圈绷带反折，由下而上缠绕。

（5）8 字形法：用于关节弯曲部位，先由下而上缠绕，再由上而下成 8 字形来回缠绕。

（二）三角巾包扎法

适用于较大面积创伤、不同部位的包扎，可固定夹板、手臂悬吊等。

（1）普通头部包扎：三角巾底边折叠，放于前额，拉到脑后打结。

（2）风帽式头部包扎：三角巾顶角和底边中央各打一结，包住头部，两底角拉紧绕下颌至枕后打结。

（3）普通面部包扎：三角巾顶角打结，适当位置剪孔，罩于面部，拉到颈后绕至额前打结。

（4）面具式包扎法：三角巾顶角打结，提起左右角成面具式，剪眼、鼻孔，顶角放于下颌，底边平放头顶，拉向枕后打结。

（5）普通胸部包扎法：三角巾顶角向上，贴于局部，如右胸受伤，顶角放右肩上，底边拉到背后打结。

（6）普通背部包扎法：与胸部包扎法相同，位置相反，结打于胸部。

（7）燕尾巾式胸部包扎法：三角巾顶角和底边近中点处折叠成形，夹角对准胸骨上凹，底角围胸于背后打结。

（8）手、足部包扎法：三角巾放在手或足下，顶角向前，拉到手或足背上，底边缠绕打结。

（9）上肢包扎法：三角巾一底角打结，套住伤肢，另一底角自颈后绕至对侧肩部，顶角系带包绕伤肢，屈伤臂，两底角在对侧肩部打结，使伤肢悬吊。

幼儿

第六章 学前儿童体育概述

第一节 学前儿童体育的历史发展

学前儿童时期是人生中生理和心理成长、发展最为迅速和显著的阶段。历史上,世界各国的学前教育课程内容经历了显著的变化:从早期注重身体的养护和行为习惯的培养,到重视社会性情感的发展;从强调智力和认知能力的早期开发,到现代推崇幼儿身心全面和谐发展的理念。现代学前教育强调以游戏、音乐、绘画、身体运动等多样化的课程内容,为儿童后续各成长阶段打下坚实的基础。从学前教育学的众多分支学科发展历史来看,早期的学前儿童体育原本是学前儿童健康教育学的一部分,其中"体育"往往隐含于"健康教育"和"体育游戏"之中。随着时间的推移,学科分支越来越细化,体育科学已发展成为一个独立的体系,其中涵盖了"健康教育"和"体育游戏"等内容。体育科学研究的深入发展促进了体育与健康学科知识的相互融合。经过多年的探讨和实践,人们已经认识到体育与健康的内在联系。如今,在国内外基础教育的体育课程中,"体育"与"健康"已确立了并列共存、不可或缺的关系。体育课程的名称常常表述为"体育与健康课"或"健康与体育课",这反映了两者在教育体系中的重要性和互补性。

一、国外学前儿童体育教育发展史

国外最早关注学前儿童教育的学者之一是古希腊哲学家柏拉图。在他的著作《理想国》中,柏拉图首次提出学前儿童教育的重要性,并认为可以通过游戏的方式发展儿童的自然才能和培养品德。亚里士多德,作为柏拉图的学生,也在其著作中提出了关于学前教育的见解。他在《政治学》中提出,婴幼儿应从小参与运动以促进其生长发育。古罗马教育家昆体良认为学前儿童具有模仿、好奇和竞争性的自然倾向,以及由自然赋予的记忆能力。他强调了运动游戏在增强智慧、培养品格方面的重要意义。

在罗马氏族时期(公元前 6 世纪以前),儿童的教育涉及家庭、社会和军事训练。婴儿出生后可能会经受冷水锻炼,儿童从小参与各种体育游戏,包括驯马、射箭和狩猎。军事和身体训练内容包括投枪、扭打、骑马、拳击,以及练习耐寒耐暑、在激流中游泳等。由此可见，体育在儿童早期教育中占有突出地位已成为历史上许多思想家的共识。

14至16世纪，随着资本主义生产方式的发展和文艺复兴运动的兴起，学前教育开始形成较为完整的理论体系，并逐步发展成为一门独立的学科。捷克教育家夸美纽斯首次系统地提出了学前教育的完整体系。夸美纽斯认为幼儿具有极高的可塑性，并强调了早期教育的重要性。

在一个世纪后，法国教育家卢梭于1762年出版了《爱弥儿》一书。卢梭首次使用"体育"（physical education）这一专业术语来描述对学前儿童进行身体养护、培养和训练的教育过程。他认为，从婴儿出生开始，教育的主要内容应该是体育，体育教育的任务在于促进婴儿身体的自然发展和健康成长。

一百多年后，世界上第一个幼儿园由德国幼儿教育家弗里德里希·福禄贝尔（1782—1852）于1837年在德国布兰肯堡建立，专门招收3至7岁的儿童。福禄贝尔被誉为"幼儿园之父"，他认为婴幼儿时期是人生中最重要的发展阶段，真正的"人的教育"应从此时开始。他的著作《母育学校》是世界上第一部学前教育学专著，详细阐述了学前教育的意义、任务、内容、原则、方法，以及学前教育与学校教育的过渡与衔接问题。福禄贝尔培训了第一批幼儿园教师，并提出运动游戏具有重要的教育价值，主张在幼儿园的教学方案中把运动游戏作为主要活动。

意大利教育家蒙台梭利，继福禄贝尔之后，成为对学前教育理论产生重大影响的代表人物之一，也是世界上首位杰出的女性学前教育家。她结合生理学、心理学和教育学的知识，创立了一种独特的幼儿教育法，这种方法在全球范围内广受欢迎，并深刻影响了世界各国的学前教育水平和社会发展。

蒙台梭利提出："生命是活动的，只有通过活动才能发展。"她认为，当时普遍存在的一种错误观念是将身体活动仅仅视为身体层面的活动，而忽视了它在更高层次上的功能。她强调，心智的发展与身体动作是相辅相成、相互依赖的，并主张创造适宜的环境，以促进儿童的生命力和个性通过活动得到表现、满足和发展。蒙台梭利认为，从婴儿出生到6岁的阶段是动作发展的敏感期。游戏和身体运动是人类活动本能的表现形式之一，应当让幼儿的内在需求和愿望在生动活泼的游戏中得到满足。她非常重视幼儿的肌肉锻炼，以促进幼儿生理的正常发展，并使他们的日常生活动作更加熟练。除了让幼儿通过坐、站、走、游戏等日常行为获得良好的体育练习外，蒙台梭利还设计了特别的体操练习，并发明了螺旋梯、摇椅等体育器械，以辅助幼儿进行运动锻炼。

基于生理学家伊万·巴甫洛夫的高级神经活动理论，苏联学者如克涅曼指出，体育活动是影响学前儿童个性全面发展的有效手段和方法。他们认为，在课堂上、活动性游戏中和其他运动活动中，学前儿童不仅可以积累动作技能和技巧，而且可以发展智力、培养道德品质、审美力和劳动技能。1991年，俄罗斯颁布的《学前教育机构临时条例》强调了"保护和巩固儿童的心理及身体健康、保证他们的智力与个性的发展，关心每个孩子的情感幸福"的重要性。该条例着眼于促使幼儿身体正常生长发育、发展身体协调力、强身健体、提高身心健康水平，并为少年体校输送体育合格后备人才。学前儿童体育注重卫生因素（如饮食、睡眠制度、服装、鞋、体育设施、体育器材等的卫生标准），以及自然界的自然力量（例如阳光、空气、水等）与身体练习相结合的教学方法。体育教学大纲涵盖保健任务、教育任务和教养任务三方面,适用于从新生儿到 7 岁所有年龄班的儿童。

纵观历史,学前教育的发展经历了从古希腊哲学家对教育重要性的认识到现代教育家对儿童全面发展的深入探索。学者们普遍认为,体育活动不仅对儿童的身体成长至关重要,也是智力、情感和社交能力发展的关键因素。从夸美纽斯的系统化学前教育理论到卢梭、福禄贝尔和蒙台梭利的创新教育方法,学前教育逐渐形成了一个多维度、综合性的学科领域。苏联学者进一步强调了体育在促进儿童个性全面发展中的作用,并在政策层面得到体现。

二、我国学前儿童体育教育发展史

在中国教育史上,维新运动的领导人康有为在《大同书》中首次提出实施学前教育的思想。中国第一所学前教育机构的创办可以追溯到 1903 年 9 月,即清光绪二十九年,由湖北巡抚端方在武昌寻常小学堂内创立的湖北幼稚园。该园聘请了日籍教师,采用了日本的幼儿园教育模式,开设了包括行仪、训话、幼稚园语、日语、手技、唱歌、游戏等七项科目,这标志着中国幼儿教育的开端。

1904 年,清政府颁布了《奏定学堂章程》,在幼儿教育中首次提出"保全身体之健旺,体育发达基地",这是"体育"一词在官方文件中的首次出现。1905 年,《湖南蒙养院教课说略》中也强调了"体育功夫,体操发达其表,乐歌发达其里"的重要性。随着武昌蒙养院的正式更名,各地蒙养院相继成立。

民主教育家蔡元培提出建立学前教育体系,主张通过胎教院、乳儿院、幼稚园等养育机构来替代传统的家庭教育。1923 年,北洋政府公布的"新课程标准"将"体操"更改为"体育",明确指出学校卫生教育应包括"体育训练"与"卫生预防"两方面内容,目的是增强学生的健康意识和提高体质。然而,当时对学前儿童健康的认识还不够全面,尚未涵盖学前儿童的心理健康和社会适应能力。

教育家如陶行知、张宗麟、陈鹤琴等人提倡通过健康教育培养儿童健康的体魄。他们认为体育是幼儿园最重要的课程之一,通过体育游戏使幼儿多活动身体,以获得快乐,是学前儿童体育教育理念的核心。

著名幼儿教育家陈鹤琴在 1923 年创办了中国最早的幼儿教育实验中心,主张采用游戏方法和户外活动,以促进儿童个性的自然、自由发展。抗战时期,他又创立了中国第一所公立幼稚师范学校,专注于师范教育的实验研究。

人民教育家陶行知在学前教育方面也提出了许多主张,特别重视儿童的体育教育。他强调:"应把儿童健康当做幼儿园里第一重要的事情,幼儿园教师应当成为健康之神。"

中国学前体育教育思想深受西方教育家如福禄培尔、蒙台梭利以及杜威的教育思想的影响。新中国成立后,全国学习苏联的学前教育模式,幼儿体育教学注重体育与自然科学学科的结合,内容包括运动与保健。通过体育游戏法,促进幼儿身体正常生长发育、发展身体协调力、强身健体,提高身心健康水平。各类游戏被用来加强儿童的动作发展,帮助他们习得动作技能,甚至完成各种高难度的体育动作。

随着全球化和社会经济的快速发展,人们对教育的要求也在不断提升。学前儿童教育的价值认识经历了显著变化,从 20 世纪初的保育为主,发展到 60、70 年代的保教并重。

自 20 世纪 70 年代末起,中国学前教育工作者开始逐步推进改革,以适应幼儿在体育活动中的更好发展。这一时期,中国在构建"科学的、大众的、民族的"文化方针指引下,借鉴了苏联教育家赞科夫的发展性教育思想和美国教育家布鲁纳的发现教学思想,深入探讨适合国情的学前教育理论。

1932 年,我国正式公布了《幼稚园健康课程标准》,为幼儿园健康教育提供了规范。改革开放后,国家通过《幼儿园教育纲要》(1978 年)、《托儿所、幼儿园卫生保健制度》(1981 年)等法规条例来规范学前教育。1990 年,国务院批准颁布了《幼儿园管理条例》,1996 年《幼儿园工作规程(试行)》颁布,2001 年又颁布了《幼儿园教育指导纲要(试行)》,明确指出幼儿园必须将保护儿童生命和促进幼儿健康作为工作首位,并将教育内容划分为健康、语言、社会、科学及艺术五大领域。

健康教育中已隐含了学前儿童体育思想,体育教育因其育人功能而贯穿于五大领域,为实现教育目标提供了实施途径。随后的法规颁布与实施进一步推动了中国学前教育的科学化和规范化。在法规和条例中,幼儿教育的任务被明确为向幼儿进行体、智、德、美全面发展的教育,并提出培养"完整儿童"的教育目标。同时,强调幼儿在成长过程中应具备足够的体力和能力、良好的态度和心理素质,以适应社会变迁和生活挑战,确保身心健康和谐发展,确立了体育在幼儿全面发展教育中的重要地位。随着学前教育研究的蓬勃发展和国际学术交流的日益频繁,中国学前教育理论体系和实践体系研究进入了快速发展时期。

第二节　学前儿童体育的思想演变

儿童体育理论的产生和发展总是与特定时代的社会生产力水平和相应的上层建筑发展水平紧密相关。人们对人的看法,以及对个人与社会关系的理解,深刻影响着教育观念的形成。相应地,这些观念也塑造了对儿童体育的看法。

换言之,教育的理念,包括儿童体育的理念,不是孤立存在的,而是建立在一定的社会文化、经济和政治基础之上。随着社会的发展和人们价值观的演变,对儿童体育的认识也在不断深化和拓展。

一、侧重强调社会发展需求的体育理论

"准备性体育"理论的核心在于特别强调通过体育提高儿童的身体素质,为未来参与国家的经济建设和国防建设做好准备。在我国学校体育的理论体系中,长期以来一直都十分重视学校体育在为国家准备劳动力和兵力方面的作用。仔细翻阅历史文献可以发现,各个历史时期、各个国家的管理者,都会不同程度地关注和强调体育的这一功能。这是因为任何人类群体,如果还面临生存必需品的生产、基本安全维护和基本利益不受侵犯的问题,那么强调群体内成员进行准备性体育就是必不可少的。另外,只要认真研究有关体育的历史文献,就会发现体育、特别是学校体育的大发展,总是与战争的问题紧密相连。

二、侧重强调学科系统性的体育理论

"运动文化体育"理论的核心在于特别强调继承和发展人类在体育学科中的文化积累。该理论倡导通过选拔和培养专业体育人才，以探索人类在体育方面的未知潜能，并不断完善和提高各种运动技巧体系。这也是持有此种价值观念的体育工作者的主要追求。在苏联的学校体制中，曾有专门开办的体育学校，旨在培养年幼的"天才儿童"。世界上的许多国家也设有类似的教育机构，有的以俱乐部形式，有的以私立运动教练场所的形式存在。在中国，以往主要通过国家主办的少年儿童业余体育学校来进行各种培训，而现在，已经逐步开始与世界接轨。

即使是在幼儿园，目前也已经出现了明确对外承诺的含体育专业训练性质的整体性特色课程，或称为"兴趣班"的课外学习课程。此外，在普通课程的体育教学中，强调动作的规范性胜于关注动作的实用性和做动作的快乐体验，这也属于同一类现象：即都是强调体育文化发展功能的观念在实践层面的具体体现。

三、侧重强调支持个人生存适应的体育理论

无论是从个体还是从整个人类或群体的角度来看，对人本身的生存和发展质量给予关怀的需求正变得越来越强烈。人不仅需要关心自己赖以生存的国家和社会，也需要关心自己创造的文化的发展。然而，作为个体，人们不能失去自我，也不能忘记对自己的存在和发展的关怀。这一点在体育理论中体现得尤为明显。体育活动不仅能够提高个体的身体素质，还能够帮助个体适应社会环境，增强自我价值感和生活满意度。因此，体育理论越来越重视支持个体的生存和适应能力，以促进个体的全面发展。

（一）体力主义体育理论

日本历来特别强调生存适应的价值。因此，在日本的教育和体育中，相较于发展运动技巧，更重视培养真实的生存适应意识和能力。日本人对此有自己的理解，称之为"体力"。体力分为行动体力和防卫体力两种。防卫体力指抵抗各种打击的能力，这一概念下又可细分为抵抗生理打击的能力和抵抗心理打击的能力。体力主义体育理论强调了在生活条件不断改善的背景下，人的潜能可能会退化，本能可能会丧失。该理论的目的是遏制这种退化状态的继续发展，以确保人们能够维持和提升自身的生存适应能力。

（二）自然主义体育理论

自然主义体育观念至少包含两种形态。第一种形态着重于利用自然环境的力量。在早年生产力较低的社会生态状况下，体育功能主要通过生产劳动、日常生活和原始游戏娱乐活动实现。当时人们的生活与自然紧密相连，自然的生态环境为人们提供了锻炼身体和提高生存适应能力的丰富机会。当今，学校体育工作者开始认识到现代化生活的便利可能使人们远离自然。他们意识到，在构建现代化生活的同时，需要尽可能保留自然环境赋予人类的锻炼机会，如爬树、跳沟、在横倒原木上行走、爬坡、攀岩、在粗糙或不平的地面赤足行走、在寒冷天气中穿着较少的衣服等。第二种形态着重于利用社会文化的力量。

在当今生产力高度发达的社会生态状况下,体育功能主要通过现代体育文化的享用活动实现。人们可能开车到达体育锻炼中心,然后进入运动场,在不同气候条件下进行活动;或在室内利用登山机、划船机、跑步机等现代化器械来模拟真正的户外运动。学校体育工作者反思的焦点是:学校(包括幼儿园)体育活动的目的是否应更多地包含帮助儿童认识体育的乐趣和对自身生存发展的重要性,以使儿童在离开学校后,能够自觉自愿地参与社会体育文化生活。

(三) 生活体育理论

生活体育理论主要源自美国学者约翰·杜威的教育理念,即"教育即生长,教育即生活"。杜威强调教育应当与儿童的实际生活紧密相关,反对将体育知识与技能的传授与儿童的生活需求脱节。体育教学的内容和方式应当根据儿童的现实生活需要来组织。生活体育理论关注的问题包括:如何在现代交通环境中维护个人安全;在战争和自然灾害情况下如何逃生和生存;以及如何在日常生活的游戏和体育活动中预防危险等。在中国近现代学前教育的发展历史上,陈鹤琴先生是这一理念的积极倡导者之一,他在理论和实践两方面都做出了重要贡献。

(四) 小集团学习理论

小集团学习理论,主要源于教育界对近现代学校道德教育迷失现象的深刻反思。在个人主义盛行的社会背景下,人们重新认识到共同生存意义的重要性。教育界开始重视如何帮助儿童学会适应社会生活。在这一教育观念转变的大背景下,学校体育工作者也开始探索体育在促进人的社会性发展方面的潜在优势。体育活动为儿童提供了参与集体活动的机会,让他们学习如何共同生活、共同发展。在实施小集团学习理论的过程中,教师的角色尤为重要。教师需要将自己置于与儿童平等的位置,促进小团体中问题的解决更多地依靠共识而非权威。这种方法有助于培养儿童的合作精神、沟通能力和解决问题的能力。

(五) 快乐体育理论

快乐体育理论主要源于对"不快乐体育"现象的深刻反省。体育活动最初从原始社会生活中分化出来,其核心价值在于通过活动本身获得直接的快乐。因此,体育本质上应更接近于游戏活动,强调乐趣和参与感。当前提出快乐体育的思考,主要是因为以下几个原因:首先,不快乐的体育活动丧失了体育最根本的价值——从活动中获得快乐;其次,这种不快乐削弱了体育对儿童的吸引力;最后,强制参与的不快乐体育可能会压抑积极、建设性人格的成长,甚至培育出消极、反抗性的人格。因此,学校体育工作者希望通过反思和改革,恢复和发扬体育活动的快乐特性。这不仅能够提升体育活动的吸引力,还有助于促进儿童全面发展,培养积极健康的心态。

(六) 淬砺性体育理论

淬砺性体育理论的提出是对"快乐童年"理念的深刻反思。现代社会在发展过程中,普遍经历了从强迫性磨难生活中逐步解放出来的历史阶段。然而,对这种强迫性磨难的恐惧反应,导致了人们无限追求舒适享乐,形成了一种"矫枉过正"的现象。随着社会的进步,人们开始认识到无节制享乐可能带来的危害,意识到需要在享受现代生活便利的同时,主动寻求适度的挑战和淬砺,以促进个人的成长和发展。淬砺性体育理论正是在这样的背景下应运而生,强调通过体育活动培养个人的坚韧性和适应力。该理论认为,体育不仅仅是为了追求快乐和享受,更是一种通过适度的挑战和努力,锻炼意志、增强体魄、提升自我控制能力的方式。通过淬砺性体育活动,可以帮助个体建立起面对困难和挑战时的积极态度,培养面对生活的勇气和毅力。

通过本节内容的探讨,我们深入了解了学前儿童体育的思想演变过程,这一过程与社会生产力的发展、上层建筑的变迁以及人们对个体与社会关系理解的深化紧密相连。从强调社会发展需求的"准备性体育",到注重学科系统性的"运动文化体育",再到关注个人生存适应的体育理论,每一种理论都是在特定社会文化、经济和政治背景下对儿童体育价值的探索和体现。

我们看到了体力主义、自然主义、生活体育、小集团学习理论、快乐体育以及淬砺性体育理论的每一种理论都反映了对儿童体育不同方面的重视,无论是身体素质的提升、文化积累的继承,还是个人适应能力的培养,或是社会性发展的促进。这些理论的发展不仅丰富了儿童体育的内涵,也为体育教育实践提供了多样化的指导思想。

最终,我们认识到儿童体育理论的建设是一个不断发展的过程,它要求我们既要关注儿童体育的永恒价值,也要敏锐地发现并解决现实中出现的具体问题。面向未来,儿童体育理论将继续随着社会的进步和人们需求的变化而演进,为培养更加健康、全面发展的下一代提供理论支持和实践指导。

第三节　学前儿童体育教育的概念、意义和任务

在当前社会历史背景下,随着社会的进步和经济的不断发展,人们越来越关注幼儿的身体健康,并逐渐认识到学前儿童体育教育与人的健康和整体发展之间的密切联系,对学前体育教育的期望也在不断提升。

在幼儿园教育中,体育活动始终被视为幼儿整体教育的重要组成部分,是促进幼儿全面和谐发展的有效途径。合格的学前儿童教育工作者应当掌握与幼儿体育活动相关的知识,不断提升体育文化素养,并培养对幼儿体育教育的热情。他们应在理解《幼儿园教育指导纲要(试行)》及《3~6岁儿童学习与发展指南》的基础上,清晰了解学前儿童体育活动与各领域目标的联系;能够准确把握不同年龄段幼儿身心发展的特点,掌握科学的幼儿体育锻炼的基本知识、技能和方法;能够合理组织和开展幼儿园体育活动;具备指导幼儿身体锻炼和评估幼儿发展的能力;能够结合体育活动掌握幼儿保健知识;并树立科学的儿童体育教育价值观。

一、学前儿童体育教育的概念

学前教育通常指对 3～6 岁儿童在幼儿园阶段的教育,其中学前儿童体育教育是学前教育的重要组成部分。然而,由于我国学前教育尚未形成完整体系且不属于义务教育范畴,人们对学前儿童体育的认识还不够完善,对学前儿童体育的定义也存在不同理解。一些学者将学前儿童体育定义为针对 0～6 岁儿童的体育教育和体育锻炼。部分文献将学前儿童体育活动视为身体活动性游戏。目前,学术界对学前儿童体育尚无统一定义。

1996 年 6 月 1 日,国家教委公布的《幼儿园工作规程》中明确,幼儿园的保教目标首先是促进幼儿身体正常发育和机能协调发展,增强体质,培养良好的生活习惯、卫生习惯和参与体育活动的兴趣。2001 年 6 月,《幼儿园教育指导纲要(试行)》将幼儿园课程分为健康、社会、语言、科学、艺术五大领域,每个领域都有明确目标。健康领域的目标包括:"身体健康,在集体生活中情绪稳定、愉快;具有良好的生活、卫生习惯,具备基本的生活自理能力;了解必要的安全保健知识,学会自我保护;乐于参与体育活动,动作协调、灵活。"2012 年 9 月,教育部正式颁布《3～6 岁儿童学习与发展指南》,对幼儿园体育活动提出具体目标要求,强调每天户外活动时间不少于 2 小时,其中体育活动时间不少于 1 小时,并应随季节变化坚持。该指南特别关注幼儿身体协调、平衡、灵敏性、力量和耐力、手部动作的灵活协调能力的发展。由此可见,在学前教育中,确保学龄前儿童的生命健康和正常生长发育是基础,也是他们获得全面发展的重要条件。健康的身体是学龄前儿童进行后续学习的物质基础,也是形成良好个性、情感和品质的物质基础。因此,学前儿童体育的目的和任务是保证和促进学龄前儿童的生命健康和正常生长发育。

学前儿童体育可以从广义和狭义两个视角定义。广义上的学前儿童体育是根据幼儿身心发展规律,以维护和促进幼儿身心健康为目的的各种体育活动,包括幼儿园、家庭和社会中的体育活动形式。狭义上的学前儿童体育专指幼儿园体育活动,这些活动基于幼儿园体育活动课程,是有计划、有目的、有组织、有评价的,旨在积极影响幼儿成长的教育过程,通过教师的照护、引导和指导,帮助幼儿掌握保健知识、发展动作技能、增强体质。

二、学前儿童体育教育的意义

学前儿童体育教育是学前教育的重要组成部分,是促进幼儿身体健康的主要途径。健康的身体是人的一切发展的物质基础。因此,学前教育强调"体育"为先,教育活动旨在促进幼儿正常生长发育、增强体质、提高健康水平、促进身心和谐发展。

学前儿童体育教育与学校体育教育相似,但因面向的是幼儿阶段,具有其独特性。它将幼儿的基本活动能力与全面成长紧密结合,成为行为多样化的重要源泉。学前儿童体育教育活动是幼儿综合发展的重要平台,是幼儿全面发展的重要途径,涵盖了幼儿各种能力发展的高度概括。在幼儿教育中,学前儿童体育教育的价值取向不仅关注身体发展,也对幼儿的认知、思维、心理健康、社会情感和技能发展起着重要作用。

学前儿童体育教育是生命教育的重要组成部分,更多地关注幼儿身体活动能力的发展,是培养独立行为能力和自我保护所需能力的重要渠道。因此,它也是安全教育的重要途径之一。

　　学前儿童体育教育是终身体育建设的基础。在学前阶段,幼儿应逐步养成运动习惯,形成运动认知,培养对运动的情感,获得一定的运动能力和技能,使体育成为生活中不可或缺的一部分,为终身体育情怀的形成打下基础。

　　健康的身体是一切发展的物质基础,幼儿的全面发展建立在此基础之上。无论是未来的生活、学习、工作还是娱乐等能力,都需要从身体的发展开始。因此,学前体育教育是最根本、最主要、最优先的教育领域。

三、学前儿童体育教育的任务

　　(1) 培养幼儿兴趣与习惯:持续激发和科学培养幼儿参与体育活动的兴趣,引导幼儿养成定期运动的良好习惯。

　　(2) 增强幼儿体质与促进发育:增强幼儿体质,促进幼儿身体正常发育,培养正确的身体姿势,提高身体对环境的适应能力,确保身体健康发展。

　　(3) 提升幼儿运动技能:通过各种有效的体育活动,不断提升幼儿的动作协调性、灵敏性和平衡能力。

　　(4) 促进幼儿认知与心理发展:通过多种形式的体育教育活动,丰富幼儿的认知能力,培养坚强、勇敢、不畏困难以及主动、乐观、合作的良好意志品质和个性,促进幼儿心理健康发展。

　　(5) 提高幼儿安全意识与自我保护:提高幼儿自我保护的意识和能力,确保他们在体育活动中的安全。

第七章 学前儿童体育与幼儿发展

第一节 学前儿童体育与幼儿身体发展

一、学前儿童生长发育

学前儿童的生长发育是两个不同的概念。生长指身体各器官和系统的增长和形态变化,体现为量的变化;发育则指细胞、组织和器官的分化、完善以及功能上的成熟,体现为质的变化。两者紧密相连,生长构成发育的物质基础,而发育的成熟程度也反映在生长的量变上。个体的体型、体力和健康基础的形成关键期在学前儿童阶段。在众多影响体质健康、促进身体形态发育、提升身体素质和心理健康的后天因素中,体育锻炼扮演着至关重要的角色。学前儿童的体重、围度、身体机能和素质指标受后天体育锻炼的影响最大。双生子研究显示,积极参与体育活动的儿童与不参与的相比,在生长发育水平和体质状况上有显著差异;爱好运动的儿童在身高、体重和肺活量等方面均比不参与体力活动的有明显提升。

(一)学前儿童生长发育的特点

1. 生长发育的连续性和阶段性

学前儿童的生长发育是一个连续的过程,由多个发育阶段组成。从卵细胞受精到个体发育成熟,这一长达约 20 年的连续过程中,量变和质变通常同时进行,但各自有其快慢不同的阶段。从不显著的、微小的量变积累到显著的质变时,标志着生长发育进入了不同的阶段,如婴儿期、幼儿期、童年期、青春期和青年期。每个阶段都有其独有的特征,与其他阶段相区别,而前后阶段又相互连接,前一阶段为后一阶段的发展奠定基础,任何一个阶段的发育受阻都可能对后续阶段的发育造成不利影响。

学前儿童身体各系统和器官的生长发育,从不平衡状态逐渐过渡到平衡状态。主要表现在,出生之初学前儿童的头部相对较大,占身体全长的 1/4,成熟后只占全身的 1/6;面部前额变宽且增高,鼻子增长,嘴巴变宽,嘴唇变厚,下巴变大;骨骼的增长速度快于肌肉的增长,四肢的增长又比躯干快。例如,从出生到成年,人的头部大小增加一倍,躯干增加两倍,上肢增加三倍,下肢增加四倍(参见图7-1和图7-2)。学前儿童的发育特点是先长下肢,后长躯干,随着发育的完成,下肢与躯干之间的比例差距将逐渐缩小,到成人时期才能逐渐达到比例上的协调。

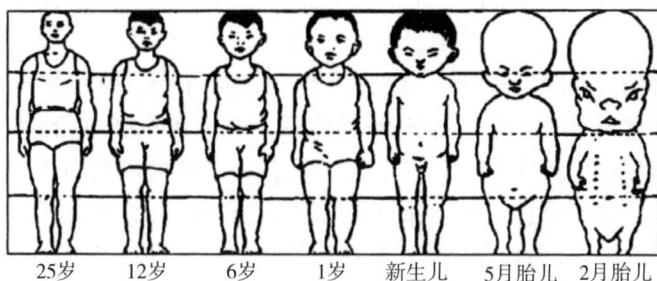

图7-1 胎儿到成人身体各部分生长发育的比例

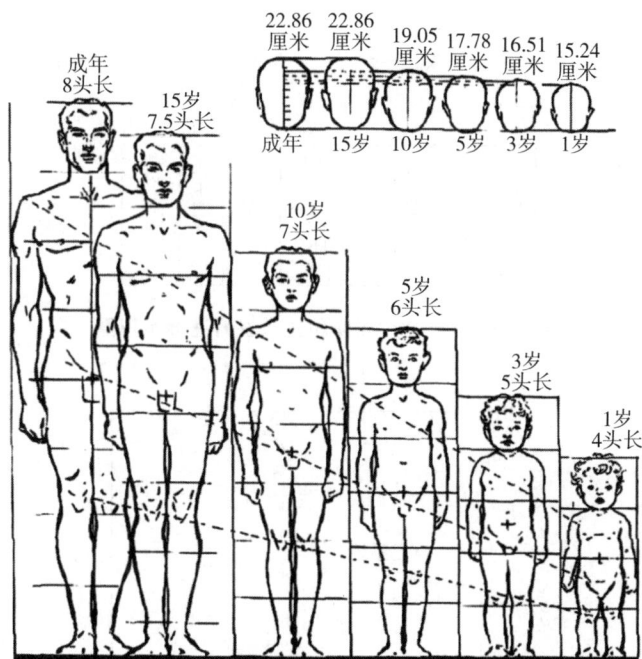

图7-2 婴儿至成年人身体各部分发育的比例

2. 生长发育的不均衡性

从胎儿到成人,人一生中有两次生长高峰期,整个生长期内个体的生长速度有时快、有时慢,生长发育速度曲线呈波浪式,表现出不均衡性(见图7-3)。个体先后经历两次生长突增的高峰:第一次高峰从胎儿4个月开始,持续至出生后1年,即乳儿期。出生时婴儿的体重通常约为3千克,到周岁时增至9千克;身长从出生时的大约50厘米增长到周岁时的约 75 厘米。第二次生长高峰发生在青春发育早期,即少年期之前,此时个体的平均身高年增长约为 3 至 5 厘米;进入少年期后,平均每年身高增加 6 至 8 厘米,体重每年增加 5 至 6 千克。通常情况下,女孩比男孩大约早两年进入这一阶段,女孩的生长发育突增期在 10 至 12 岁之间,特别是 11 至 12 岁达到增长的最高峰(身高年均增长约 5.9 厘米);而男孩的生长发育突增期在 12 至 14 岁之间,12 至 13 岁为增长的最高峰(身高年均增长约 6.6 厘米)。

各个器官系统的发育也呈现不均衡性(见图 7-4)。例如,神经系统是最先发育成熟的,神经细胞在儿童大约 8 岁时分化成熟;而生殖系统发育最晚,要到儿童期末才逐渐成熟。肌肉的发育有两个高峰:一个在五岁之后,另一个在性成熟期之后。心脏在出生后由于生理负担减轻,最初数月其大小保持不变;两三岁时,心脏重量迅速增至出生时的 3 倍;之后生长速度放缓,直到青春期再次迅速增长,心脏重量可达出生时的 10 倍。

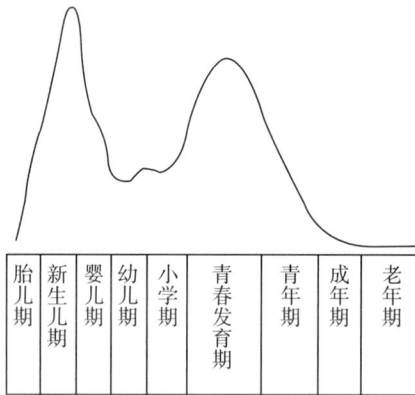

图 7-3　人一生中各阶段生长发育速度示意图

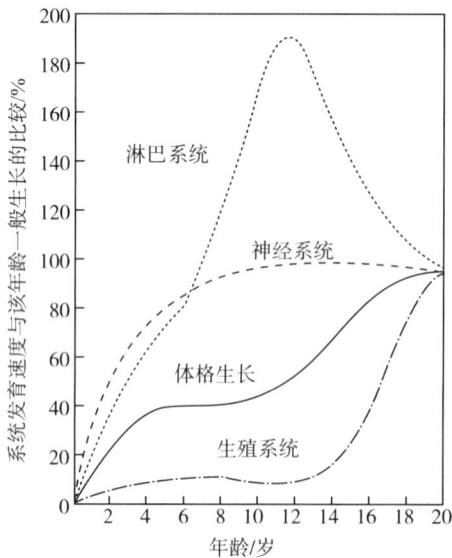

图 7-4　身体各组织和器官的生长模式

3. 生长发育的顺序性

学前儿童各器官功能的生长发育遵循一定的顺序,具体表现为:

由上到下:例如,学前儿童出生后先学会抬头,然后挺胸,接着能够坐、站立和行走。

由近到远:学期儿童最初能够控制肩膀和手臂的运动,随后逐渐学会控制手部的精细动作。

由粗到细:学前儿童最初通过全掌抓握物品,随着时间发展,能够使用手指进行捏取等精细操作。

由简单到复杂:在绘画技能上,学前儿童儿童先学会画直线,然后逐步发展到能够画圆和更复杂的图形。

由低级到高级:在认知发展上,学前儿童最初能够感知事物,随后发展到记忆、思维、分析和判断等更高级的认知功能。

这一顺序体现了儿童生长发育的逐步成熟和复杂化过程。

4. 生长发育的相互关联性

神经系统和外界环境的相互作用影响着整个学前儿童的生长发育过程,各个系统的生长发育彼此密切相关联,某一器官的发育可以促进另一器官的发育。如学前儿童进行适宜的体育锻炼能促进骨骼肌肉的发育,同时也能促进心脏和呼吸器官机能的成熟,并有利于神经系统的发育。心血管系统、呼吸系统和神经系统的发育又为肌肉、骨骼的发育提供更有利的条件,从而促进学前儿童整个身体的健康。另外,学前儿童身体和心理的发育是密切联系的。一切生理的发育是心理发育的基础,而心理发育也同样影响生理功能。比如,情绪会影响生理机能的正常发挥,而生理上的缺陷又可引起心理上的不正常发展。

5. 生长发育的个体差异性

尽管学前儿童的生长发育遵循一般的规律,但由于遗传、环境、运动锻炼、饮食等因素的影响,个体之间在一定范围内存在较大的差异,这些差异通常体现在生长速度、成熟类型等方面。同龄儿童的发育和成熟程度也不尽相同。一些儿童可能较早地开始发育和成熟,而另一些儿童则可能较晚。这种个体差异性强调了在评估和支持儿童生长发育时需要考虑每个幼儿的具体情况。

(二)学前儿童生长发育的影响因素

学前儿童生长发育的过程受到多种因素的影响,主要包括内在因素和外在因素两方面。了解学前儿童生长发育规律及内、外因素对其影响作用,可使我们根据不同年龄的发育特点,创造有利条件,防止不利因素,以促进学前儿童正常生长发育。

1. 先天因素

遗传因素是影响学前儿童生长发育的内因。学前儿童生长发育的特征、潜力、趋向、限度都受父母双方遗传因素的影响,各项形态指标和生理指标,如身高、体重、皮下脂肪、血压等都有不同程度的遗传倾向,其中是身高的遗传倾向更为明显。遗传不仅能预测子女的身高或体重,甚至在一定程度上决定着子女的体型。遗传性疾病对生长发育也有影响。

性别和内分泌也是影响学前儿童生长发育的重要先天因素。一般情况下,男孩要比女孩重而高,而女孩青春发育期比男孩早。此外,脑垂体、甲状腺、肾上腺等内分泌器官及激素都与儿童身体形态、智力发育等密切相关。

2. 后天因素

(1)营养

新陈代谢的正常进行离不开各种营养物质的摄取,合理而充足的营养是保证学前儿童生长发育的物质基础。儿童必须不断从外界摄取足够的各种营养素,尤其是优质蛋白质、铁、钙和各种维生素等,作为其生长发育的物质基础。营养丰富而且平衡的膳食能促进儿童生长发育,反之,营养缺乏或不合理的膳食,不仅影响他们正常的生长发育,还会导致各种营养缺乏症。儿童年龄越小,受营养的影响越大,从胎儿中后期到出生后 6 个月,是脑细胞数量大量增加、脑组织生长的关键期,如果此时出现严重的蛋白质—热量营养不良,细胞的分裂、增殖速度会急剧减慢,脑细胞数量远远低于应有水平,儿童智力将受到影响,对其以后的学习不利。

(2)疾病和药物

疾病对学前儿童生长发育的影响不言而喻。不同疾病对生长发育的影响程度不同,这和疾病的发生部位、病程的长短与严重程度有关。疾病可以干扰正常的能量代谢,尤其在体温过高时,不仅使酶系统的正常功能受损,还能增加各种营养物质的消耗。某些器官的器质性改变,必然影响其本身乃至全身的机能,破坏新陈代谢的正常规律,从而影响生长发育。如胃、肠道疾病影响儿童的消化吸收,导致营养不良、体重减轻,甚至推迟动作和语言的发展;一些急性传染病,如流脑、乙脑、灰质炎等,不仅会造成严重的后遗症,还会威胁儿童的生命。因此,积极防治儿童常见病传染病,对保证儿童的正常发育至关重要。

药物也可影响儿童的生长发育,如果用药不当或过量,对生长发育有不良的影响。孕妇在妊娠中期服用四环素,可导致乳牙发黄、牙质发育不良,甚至引起骨生长障碍。过敏体质儿童使用磺胺药、青霉素等,可发生过敏反应。链霉素可导致听力下降,严重者耳聋。

(3)气候和季节

气候和季节对儿童生长发育有明显的影响。通常,春季身高增长最快,秋季体重增长最快,这就是俗话说的五月长高、十月长膘。有研究发现:在身高增长较快的月份,新的骨化中心出现要多于身高增长较慢的月份。在 1～3 月基础代谢率和血清蛋白结合点达到高峰,而在 7～9 月则会达到最低值。

(4)体育锻炼

体育锻炼是促进儿童身体发育和增强体质的有效方法。体育锻炼可以加快机体的新陈代谢,提高呼吸、运动和心血管系统的功能,尤其能促进骨骼和肌肉的发育。儿童经常参加体育锻炼,不仅可使肌纤维变粗,肌肉重量增加,而且还能促进骨骼的生长发育和韧带的发育,增加关节的牢固性和灵活性。

体育锻炼还可以使人精神饱满、心情愉快、食欲增加,促进营养物质的消化吸收,减少疾病,增强体质。体育锻炼和运动活动是生长发育的源泉,通过调节机体的新陈代谢、神经内分泌系统的作用机制,对儿童形态发育产生不同程度的影响。

(5) 生活制度

长期执行有规律、有节奏的生活制度,可以保证儿童进行足够的户外活动,适当的学习和劳动、定时定量的进餐和充足的睡眠,有利于促进儿童的生长发育。因为在合理的生活制度下,儿童身体各部分能得到适当的活动与休息,可消除疲劳;身体的营养消耗也可得到及时补充,保证机体的正常代谢。

(6) 社会因素

社会因素对学前儿童生长发育的影响是综合性的、多方面的。其中,决定性因素是社会经济地位,以及与之有关的营养、居住、医疗、体育等条件。如贫困、食物缺乏、文化落后、疾病流行、居住拥挤、缺乏必要的卫生设施等都严重影响着儿童的身心发育。父母的职业和家庭收入也起着重要作用。在同样的经济条件下,家庭人口的多少、家庭的凝聚力和亲和力,对儿童生长发育也有一定影响。

扩展阅读

家庭环境与疾病对幼儿生长发育的影响

1. 幼儿被照料方式对行为发展的影响

幼儿被照料的方式对其心理行为发展具有显著影响。比奇在1954年对91名孤儿院收养的幼儿进行了追踪观察。两年后,发现其中31名幼儿死亡,36名被领养。在仍生活在孤儿院的21名幼儿中,有5名仍不会走路,12名幼儿不能独立用勺子吃饭,无人能自理大小便。这些儿童心理发育迟滞,不是由于缺乏医疗条件、疾病或营养不良,而是由于缺乏适当的心理照料。

2. 疾病对幼儿身体状况的影响

幼儿患病,特别是神经系统感染性疾病(如脑炎、脑膜炎)和颅脑肿瘤,若诊断和治疗不及时或不当,可能留下严重后遗症。患儿的智力功能可能明显受损,行为可能出现异常变化。例如,流行性脑脊髓膜炎可能导致1/3患儿死亡,而2/3存活的患儿中约有一半会留下终身的身体或心理残疾。

患有慢性疾病的幼儿容易出现发展和行为问题。他们必须过着与同龄人不同的生活,包括饮食、活动、医疗卫生和生活习惯等方面,这些都可能引起患儿心理冲突、挫折和消极情绪反应,甚至导致行为改变,有时还可能影响性格的健康发展。

3. 父母心理健康状况对幼儿心理行为发展的影响

父母是孩子的第一任教师,婴幼儿的行为多数来自父母的示范。父母的心理健康水平,尤其是母亲的,与孩子的心理行为发展紧密相关。

心理健康的父母能够为孩子创造和谐的家庭关系和愉快的家庭氛围,为孩子的心理行为发展提供良好的条件。相反,心理不健康父母可能对孩子有不适当的期望和不良的教养方式。例如,父亲若患有反社会型人格障碍,儿子出现品行障碍的风险增加;酗酒父母养育的孩子可能表现出更多心理症状,成年后婚姻关系可能不稳定。父母若患有某些精神疾病,可能增加对孩子身体和性虐待的风险。经常遭受虐待的孩子可能会出现攻击行为和情感障碍,社交技巧不足,难以建立满意的人际关系。父母若患有抑郁症,可能导致对孩子的忽视。

学前儿童的生长发育是由不明显的细小的量变到突然的质变的复杂过程,不仅表现为身高、体重的增加,还表现为全身各个器官的逐渐分化以及功能的逐渐成熟。了解学前儿童正常生长发育的主要影响因素后,可以遵循这些规律对学前儿童进行运动干预,通过运动促进学前儿童的健康成长。

二、体育运动对学前儿童身体发育的影响

(一)体育运动对学前儿童身体形态发展的影响

幼儿期身体形态的发展遵循首尾原则,即从头部开始,由上往下,最后到脚部,所以幼儿的外形呈"头重脚轻"的特点。婴儿期大脑已经开始发育,幼儿末期已接近成人水平,为正常的运动行为提供了神经基础,幼儿能在运动行为定向阶段做到精确定向;而随后发育的肌肉群则提供实现的物质基础,让幼儿进入运动行为的后期阶段。

适量运动对儿童的身体形态发展具有全面积极的影响。运动能有效促进骨骼、关节、韧带和肌肉的健康成长。随着运动的增加,儿童体力消耗增大,胃肠蠕动加快,这可能导致食欲增加,并加强营养吸收,体重因此得到增长。同时,为了补充运动中消耗的能量,儿童体内的生长激素水平会相应升高。消化系统将更加主动地加强其消化和吸收功能,以吸收丰富的营养,从而加速孩子的生长速度,并使体格更加健壮。此外,运动还能增加儿童的肺活量,这对胸廓的发育具有积极作用,有助于形成更加协调的身体形态。

(二)体育运动对学前儿童身体机能发展的影响

学前儿童的身体机能指他们整体以及构成的各个器官和系统所展现的生命活动,包括肌肉力量、骨骼强度、心血管力量、大脑大小等器官的特性。当身体机能得到发展时,可以增强呼吸肌的力量,扩大胸廓运动的幅度,从而提升呼吸功能;同时,增强心肌力量和血管壁的弹性,进而改善心血管功能。

学前儿童时期是身体成长极为迅速的阶段,但机体各部分的机能尚未完全成熟。以肌肉为例,学前儿童通常肌肉力量较弱,肌肉群发育不均衡,这导致他们的手脚动作可能显得较为笨拙,难以执行精细动作。运动能够全面锻炼学前儿童的身体机能,提高肌肉系统的紧张度,使肌纤维增粗,增强耐力和活动能力。运动还能加速和加深呼吸,增加肺活量,促进呼吸肌的发达,加快血液循环,并加强心脏的收缩力,从而改善心血管功能。此外,运动还能使神经系统的反应变得更加灵活和迅速,激发身体的新陈代谢,改善消化功能,并提高动作的协调性和节奏感。

(三)体育运动对学前儿童体能发展的影响

体能指个体在进行身体活动时所展现的能力,在身体素质方面涵盖了运动力量、速度、敏捷性、协调性、柔韧性和耐力等要素,并包括了走、跑、跳、投掷、攀爬等运动技能。总

体来说,学前儿童动作功能发展的顺序可概括为:姿势摆位(主要发展时期为 0~2 岁)、粗大动作(主要发展时期为 2~4 岁)、精细动作(主要发展时期为 4~8 岁)、技巧技能(主要发展时期从 5 岁以后开始),具体的发育阶段和特点如表 7-1 所示。

表 7-1　学前儿童动作的发育过程

年龄	动作
新生儿	无规律、不协调动作,紧握拳(握持反射)
2 个月	直立位及仰卧位时能抬头
3 个月	仰卧位变为卧位,用于摸东西
4 个月	由成年人扶着髋部时能坐,可以在俯卧位时用两手支持抬起胸部,手能握持玩具
5 个月	由成年人扶腋下能站直,两手各握一玩具
6 个月	能独坐一会儿,用手摇玩具
7 个月	会翻身,自己独坐很久,将玩具从一手换入另一手
8 个月	会爬,会自己坐起来、躺下去,会扶着栏杆站起来,会拍手
9 个月	试着站,会从抽屉中取出玩具
10~11 个月	能独立站立片刻,扶椅或学步车能走几步,拇指、食指对指拿东西
12 个月	独走,弯腰拾东西,会将圆圈套在木棍上
15 个月	走得好,能蹲着玩,能叠一块积木
18 个月	能爬台阶,有目标地扔皮球
2 岁	能双脚跳,手的动作更准确,会用勺子吃饭
3 岁	能跑,会骑三轮车,会洗手、洗脸、脱或穿简单衣服
4 岁	能爬梯子,会穿鞋
5 岁	能单腿跳,会系鞋带
6~7 岁	参加简单劳动,如扫地、擦桌子、剪纸、泥塑、结绳等

学前儿童参与各种运动能够为他们提供丰富的知觉动作经验,这些经验有助于促进其姿势和动作的发展与成熟,并为未来的生理成长及功能发展打下坚实的基础。在进行学前儿童体能训练时,重点应放在基础姿势和粗大动作的发展上。训练中应注重运动量,保证运动的时间和适当的强度,而不是过分追求技能和技巧的精进。目标是提高儿童的体能及整体身体素质。通过走、跑、跳、踢、蹬、投、抛、拍击、推拉、爬行等多样化的运动,可以发展学前儿童的体能及动作协调性。此外,可以利用运动或玩具器械,例如小皮球、小足球、跳绳、橡皮筋、哑铃、呼啦圈、小三轮车等,来辅助训练。重要的是,无论采用何种运动方式,都应遵循学前儿童体能发展的自然顺序。每一发展阶段都是为下一阶段打基础,只有确保基础扎实,身体素质才能稳定而有序地得到提升。

（四）体育运动对学前儿童身体适应能力发展的影响

学前儿童的身体适应能力指他们适应生活和环境变化（例如温度、气候变化或病毒等外部因素）的总体能力。学前儿童期是探索周围环境的关键时期，也是培养方位感、空间感和感知能力的重要阶段。在探索环境的过程中，随着方位感、空间感和感知能力的发展，学前儿童的运动行为变得更加精确。这种运动行为的精细化不仅扩大了他们的探索范围，而且使他们能够在探索过程中学习如何调节身体动作以避免受伤，学习如何控制环境和克服障碍，避免潜在危险，从而增强身体适应力。此外，运动还能通过增强身体的自我保护能力来提高身体适应力。运动有助于促进学前儿童免疫系统的发展，提高身体抵抗力，进而增强身体适应力。

扩展阅读

德国高度重视改进幼儿体育活动的机会和安全，学前教育界普遍认为运动对儿童的健康成长极为有益。儿童天生喜爱爬、跳、跑等活动，这些运动不仅有益于身体健康，也促进了社会性和情感发展。在游戏中，孩子们学习合作、讨论和遵守规则，培养了为他人着想和互相帮助的品质。

慕尼黑大学教授 Rolf Oerte 强调："运动对儿童至关重要，特别是在知识建构和感知觉发展方面。这些影响将在儿童后续发展阶段显现。"婴儿通过运动和感觉来认识环境，了解世界的因果关系，并以不同的方式理解事物的内在联系。

随着活动范围的扩大，儿童的自信心也在不断增强。Oerte 指出："运动不仅促进身体健康，还有助于建立自尊和自信。儿童对自己身体运动的掌控能力可以转移到日常生活中，使他们能够自如应对各种情境。身体动作也是社会交往的一种手段。"

然而，运动也存在潜在危险，孩子们需要从中学习如何保护自己。缺乏适当运动经验的儿童发生事故的可能性更大。运动经验有助于减少风险，并使儿童能够获得处理危险的知识。Schweinfurt 幼儿园的 Karin Chaffner 提到："孩子们活动得越多，对自己就越有信心，也就越安全。"实验表明，鼓励运动不仅能提高儿童的运动能力，还能降低事故发生率。

奥格斯堡大学教授 Helmut Altenburger 认为，童年缺乏运动刺激可能导致对运动的消极态度，缺乏运动技能，进而影响身体健康和智力发展。过多沉溺于多媒体，如电视和电脑，会减少儿童的游戏和运动时间，可能引发社会问题。

家长有责任满足孩子对运动的需求，并成为孩子的游戏伙伴。当孩子们全神贯注玩游戏时，家长应与孩子共享运动的乐趣。家庭生活中的角色也影响儿童的运动行为。

在幼儿园，运动的意义正被越来越多的人所认识。德国的幼儿园虽空间有限，但通过简单的改装，如增设攀爬墙和吊绳，就能满足孩子的运动需求。幼儿园应根据儿童的年龄特点和运动特性提供相应的材料和器材，创造良好的活动机会，让孩子们根据自己的能力和兴趣选择不同的游戏。

第二节　学前儿童体育与幼儿心理发展

一、学前儿童心理发展

学前儿童心理发展的年龄特征是指儿童在每个年龄阶段中形成并表现出来的一般的、典型的、本质的心理特征。学前儿童在 3～4 岁、4～5 岁和 5～6 岁三个不同年龄时期,有各自不同的心理发展特点与表现。

(一)学前儿童心理发展的特点

1. 3～4 岁幼儿的心理发展特点

3～4 岁处于学前儿童期的初期阶段,也是幼儿园的小班年龄。这时期学前儿童在生活和活动上发生了重大的变化,他们的身体比以前更加结实、健壮,活动精力更加充沛,睡眠相对减少,动作的发展已经比较自如,能够进行各种游戏活动,语言能力已基本发展起来,能与别人进行初步的交流活动。学前儿童从只和亲人接触的小范围,扩大到有更多老师、同伴,生活范围的扩大引起了学前儿童心理上的许多变化,使学前儿童的认识能力、生活能力以及人际交往能力得到了迅速发展。学前儿童的认识活动往往依靠动作和行动来进行;情绪很不稳定,很容易受外界环境的影响;模仿性很强,模仿是他们的主要学习方式,通过模仿他人来掌握和学习别人的经验,但这时的模仿学习往往从兴趣出发,无意注意占主导地位,注意力持续时间短,易分散,对成人的依赖性也很大。

2. 4～5 岁幼儿的心理发展特点

4～5 岁是学前儿童中期,也是幼儿园的中班年龄。活泼好动是该年龄段学前儿童的天性,表现为能动、能说、能跑,活动量很大,对什么都感到好奇、新鲜,思维活跃,但自我控制能力还不强,所以,这个时期的孩子表现为活动积极性极高,时刻处于活动状态;具体形象思维是学前儿童思维的主要特点,主要依靠头脑中的表象进行形象的、具体的思维,从听故事到理解事物、从掌握数概念到解决问题都有一定的表现;已经能够在日常生活中遵守一定的行为规范和生活规则,如不在室内大喊大叫、追跑,不乱扔东西等,还有进餐、盥洗和午睡中的生活常规;学前儿童规则意识的建立,有助于学前儿童合作游戏的开展和游戏水平的提高,也有助于学前儿童社会性的发展,在进行集体活动时,能初步遵守集体活动规则,如认真听别人讲话、不随便插嘴、发言举手等规则;已经能够理解和遵守游戏规则,能够自己组织游戏,自己确定游戏主题。因此,中班学前儿童的活动内容和活动目标都可以在学前儿童的参与下共同制定,能够自己分工,安排角色,合作水平也开始提高;在共同的游戏中逐渐开始结成一定的同伴关系,初步学习与他人相处。

3. 5～6岁幼儿的心理发展特点

5～6岁是学前儿童晚期,也是幼儿园的大班年龄。该阶段的学前儿童好奇心都很强,但不再满足于了解表面现象,而是想要知道事物的原因;有强烈的求知欲和认识事物的兴趣;认知水平有了很大的提高,非常喜欢智力活动,而且还具有较强的坚持性、强烈的求知欲,好问好学是这个时期学前儿童非常明显的特征;思维仍然是具体而形象的,但是初步的抽象逻辑思维也开始萌芽,已能够对事物进行分类,能对事物的关系做出判断并正确排出顺序,能初步掌握一些抽象的概念,如"困难""勇敢""左""右"等;能初步理解一些数概念,如知道"3"的实际含义;也能初步抽象概括地掌握类的含义,如能把各种车放在一起,作为同一类的事物来看待,已能够对事物做出简单的因果判断并能按类别识记事物;已出现了有意地自觉控制和调节自己心理活动的方法,在观察、注意、记忆或是思维、想象等认知活动中有自己的方法,并在解决问题的思维过程中懂得初步运用方法解决问题;已对事物有了自己比较稳定的态度,在情绪上也能够克制自己,也开始对自己的行为进行思考,有时对自己的行为产生顾虑,此时学前儿童的个性已经开始形成,但仍处于初步形成时期,其可塑性还相当大,环境和教育都对其发展产生极大的作用。

(二) 学前儿童心理健康的特征

教育工作者和心理卫生专家近年来普遍认为,心理健康的学前儿童具有以下特点:智力发展正常,具有好奇心和求知欲,情感丰富,情绪开朗;行为活泼且具备一定的自我控制能力;能够融入集体生活,与同伴友好相处,具体表现在生活、学习、劳动和人际交往等方面。

1. 智力正常,求知欲强

学前儿童应表现出爱说话,语言表达能力与年龄相符,无口吃;喜欢提问并积极探索答案;在学习或完成任务时注意力集中,记忆力正常;乐于独立完成日常生活中力所能及的事情,不过分依赖他人。

2. 性格良好

学前儿童应能与人和谐相处,不随意打人或骂人,不妒忌同伴,愿意与人交往,表现出同情心和友好;在成人的指导下,愿意为集体做好事;诚实不说谎,少说不符合现实的话;不私自拿或损坏他人物品;做错事后愿意承认错误。

3. 情绪愉快、稳定

学前儿童应情绪愉快且稳定,不常发怒;生活有规律,能按时入睡,睡眠安稳;基本上能听从成人的合理要求,不过分挑食或挑剔穿着,不经常无理取闹。学前儿童应对称赞感到高兴,对批评和指责感到羞愧,希望做受欢迎的事,避免做招致责骂的事;不过分畏惧困难或胆怯。

（三）学前儿童心理发展的影响因素

学前期是个体心理发展的关键转折点，也是容易出现心理健康问题的时期。这一时期的心理发展为日后的成长奠定基础，心理问题若不及时矫治，将影响学前儿童对环境的适应能力，甚至未来的社会适应性。保证学前儿童心理健康发展的影响因素主要有以下。

1. 健康的躯体

身体健康是学前儿童心理健康的基础。不健康的身体状态可能导致儿童产生焦虑、忧虑等不良情绪，影响情感、性格和人际关系。为了促进儿童人格的健全发展，必须保证其身体健康，这既与幼儿的先天条件有关，也依赖于后天的保护和锻炼。

2. 充分的抚爱

抚爱包括体贴、关心、爱护，能给予儿童满足感和温暖，使他们心情愉快、积极向上。母爱是儿童身心健康的精神支柱，教师的爱也对儿童的发展具有重要作用。不适当的母爱和师爱可能对孩子产生负面影响，如溺爱或偏爱可能导致儿童性格缺陷。

3. 充实的生活

学前儿童的生活应丰富多彩，包括适量的学习、劳动、游戏和娱乐。家长和教师应避免过度强调学习而忽视孩子的生活能力和人格发展，以免造成孩子精神紧张和兴趣狭窄。

4. 平稳的环境

家庭和学校的稳定环境对儿童心理健康至关重要。平稳的环境减少心理冲击，帮助儿童更好地适应。逆境中的儿童若缺乏正确引导，可能产生心理问题。然而，正确引导和支持可以帮助儿童以坚强的意志和正确态度面对挫折。

5. 艺术的陶冶

艺术对儿童人格的健全和和谐发展具有积极作用。音乐、美术和儿童文学都能以不同的方式陶冶儿童情操、发展智能，并培养他们对艺术的兴趣。色彩和艺术形象对儿童情绪有显著影响，应选择适合儿童的艺术内容和环境。

二、体育运动对学前儿童认知发展的影响

（一）体育运动对学前儿童感知觉发展的影响

感觉包括视觉、听觉、嗅觉、味觉、触觉等外部感觉，以及平衡觉、痛觉等内部感觉。知觉则涵盖了空间知觉、时间知觉、运动知觉等。在学前儿童的认知活动中，感知觉扮演着重要角色。相较于思维，感知在3～6岁儿童的认知活动中仍然占据主导地位。学前儿童主要通过形状、颜色、声音来认识世界，而非仅依赖通过语言交流获得的知识。尽管他们

的思维能力已经开始发展,但仍然紧密依赖于感知形象。例如,在皮亚杰的守恒实验中,学前儿童对物体长短、大小或液体容量的判断,通常基于直接感知的形象而非事物的本质属性。换言之,学前儿童的思维常常受到感知的影响。

体育运动对学前儿童感知觉的发展具有显著的积极影响。通过参与各种体育活动,儿童能够在多个层面上锻炼和提升自己的感知能力,例如:

视觉与空间知觉:体育运动中的很多活动,如踢球、投掷和接球,都需要儿童准确判断物体的位置、速度和运动轨迹,这有助于提高他们的视觉准确性和空间知觉能力。

听觉与反应能力:在团队运动或节奏性活动中,儿童需要学会聆听指令和信号,如裁判的哨声或队友的呼喊,这有助于提升他们的听觉感知和快速反应能力。

触觉与运动协调:通过跑跳、攀爬等活动,儿童的触觉感知得到加强,同时,这些活动也锻炼了他们的身体协调性和平衡能力。

嗅觉与味觉的体验:虽然较少直接涉及,但体育活动可以间接地让儿童体验不同环境下的嗅觉和味觉变化,如户外运动时自然界的气息。

平衡觉与身体意识:体操、滑冰等需要高度平衡感的活动,能够显著提高儿童的平衡觉和身体空间定位能力。

(二) 体育运动对学前儿童注意发展的影响

注意力指心理活动集中在特定的对象或活动上的能力,分为有意注意和无意注意两种形式。有意注意是有意识、有目的的注意力,需要付出一定的努力;而无意注意则是自发的,不需要任何努力。例如,在幼儿园,教师教孩子们画画时,孩子们需要有意注意,仔细观察并认真绘画。如果此时窗外突然响起鞭炮声,孩子们的注意力会不由自主地转向声源,这是无意注意的体现。无意注意有时会干扰有意注意,导致教学活动受到影响。在婴儿时期,无意注意占主导地位,但随着年龄的增长、生活经验的积累和活动范围的扩展,有意注意逐渐形成。学前儿童开始展现出探索心理,对新奇事物充满好奇心,愿意四处观察和尝试。随着语言能力的发展,他们开始能够按照成人的要求调整自己的行为,有意注意力逐步得到发展。然而,在这一阶段,有意注意力的稳定性相对较差,容易受到外界因素的干扰而分散或转移。

通过参与体育活动,儿童能够在多个方面锻炼和提高自己的注意力,具体包括以下几点。

提高有意注意力:体育活动中的目标导向性,如击中球或达到某个终点,要求儿童集中注意力以实现目标,从而锻炼有意注意力。

增强专注力:在进行体育活动时,儿童需要持续关注自己的动作和周围环境,这有助于提高专注力和持续关注的能力。

锻炼选择性注意力:在团队运动中,儿童必须学会忽略场外干扰,专注于比赛和队友的信号,这有助于培养选择性注意力。

培养分配性注意力:参与需要同时关注多个事物的体育活动,如同时听音乐节奏和做动作,可以锻炼儿童的分配性注意力。

加强抗干扰能力:在运动中,儿童学会在各种环境和条件下保持注意力集中,如在嘈杂的体育馆中保持专注,这有助于提高抗干扰能力。

提升快速反应能力：体育运动往往要求快速反应，如迅速接球或躲避障碍，这种快速反应的练习有助于提高注意力的敏捷性。

（三）体育运动对学前儿童记忆发展的影响

记忆是大脑对过去经历过的事物留下的痕迹。随着活动复杂性的增加和第二信号系统的发展，学前儿童记忆的范围不断扩大。在这个时期，学前儿童不仅能记住直接的经验，还能记住间接的经验。在学前儿童早期，记忆具有很大的无意性，幼儿容易记住他们感兴趣的、印象鲜明的事物。到了学前儿童中后期，有意记忆能力逐步发展。学前儿童的记忆多为机械记忆，具有直观性和形象性，而逻辑记忆能力相对较弱。例如，幼儿可能机械地背诵唐诗，但并不理解其意义。在教育的影响下，意义逻辑记忆能力也在逐步发展。学前儿童阶段记忆的持久性有所增强，但记忆的准确性仍有待提高。他们对简单熟悉的事物记忆更准确，而对复杂事物可能存在遗漏或曲解。

有意记忆的发展是学前儿童记忆发展中最重要的质的飞跃。在运动中，儿童表现出明显的有意回忆能力。这是因为大多数游戏或体育活动要求儿童回忆亲身经历过的事件，以使运动顺利进行。例如，在"娃娃家"游戏中，扮演妈妈的幼儿需要不断回忆妈妈的日常行为，以完成角色扮演。可以说，学前儿童的运动在一定程度上依赖于记忆的发展，同时运动也在潜移默化中促进大脑皮层的生长发育，推动有意记忆的发展。

体育运动对学前儿童记忆能力的培养具有重要作用，具体表现在以下几个方面。

提高有意记忆能力：体育活动中的目标和规则要求儿童有意识地记忆和执行，从而锻炼有意记忆。

增强记忆持久性：通过重复练习，儿童对技能和动作的记忆变得更加持久，有助于形成长期记忆。

提升记忆准确性：在体育活动中，儿童需要准确记忆动作顺序和技巧，这有助于提高记忆的准确性。

促进空间记忆：体育运动中的定位和导航任务可以锻炼儿童的空间记忆能力。

加强序列记忆：许多体育活动，如体操或舞蹈，要求儿童记忆一系列动作的顺序，从而加强序列记忆。

培养关联记忆：体育活动中的策略和技巧学习往往与特定的情境关联，有助于培养关联记忆。

锻炼短期记忆：在快节奏的体育活动中，儿童需要在短时间内记忆和应用信息，锻炼短期记忆能力。

增强记忆的灵活性：通过参与不同类型的体育运动，儿童学会灵活运用记忆，适应不同的运动要求。

促进记忆策略的发展：随着体育技能的学习和掌握，儿童逐渐学会使用各种记忆策略，如分组记忆、联想记忆等。

（四）体育运动对学前儿童思维和语言发展的影响

思维是通过语言、图像和动作对客观事物进行概括和间接反映的心理过程。学前儿童的思维主要依赖于具体事物的形象或概念。这种具体形象思维与儿童知识经验的有限性密切相关。然而,在学龄前阶段,儿童的思维特点在不断发展。例如,4岁儿童的思维中仍包含大量的直觉行动思维成分,而5～6岁儿童的抽象逻辑思维开始逐渐发展。学前儿童的思维具有以下特点:①自我中心性,即儿童往往不能理解他人的角色或观点。②泛灵论思维,即儿童倾向于将无生命的物体视为有生命的存在,如将玩偶当作朋友与之交流。③思维的不可逆性,即儿童的思维过程往往是单向的,不能反向操作。

学前儿童的思维发展也改变了思维、语言和行动之间的关系。例如,4岁儿童的动作主要受视觉印象或直接调节的驱动,语言的作用相对较小,通常是在动作完成后才能用语言表达。5岁儿童在动作中常常伴随着言语,但言语的具体指导作用有限。到了6岁,儿童能够在行动之前用言语表达自己的意图和计划,这时儿童的行为具有更明显的目的性和计划性。

体育运动对学前儿童的思维和语言发展具有积极的促进作用,具体表现在以下几方面。

促进抽象思维:体育活动中的规则和策略需要儿童进行抽象思考,从而有助于抽象逻辑思维的发展。

增强语言能力:在团队运动中,儿童需要用语言沟通协作,这有助于提高语言表达和理解能力。

提高问题解决能力:体育运动中遇到的挑战要求儿童动脑筋解决问题,这有助于提高思维的灵活性和创造性。

加强记忆力与思维的结合:通过记忆运动技巧和动作顺序,儿童学会将记忆与思维相结合,提高认知能力。

促进言语和行动的协调:在运动中,儿童学会在行动前用言语表达意图,使行动更有目的性和计划性。

(五) 体育运动对学前儿童想象发展的影响

想象在人类生活中扮演着重要角色。学前儿童从3～4岁就开始展现出想象力,但此阶段的想象力通常是简单且无目的,以无意想象为主。有意想象和创造性想象正在逐步发展,但尚未占据主导地位。学前儿童的无意想象主题多变,他们难以清晰地区分想象与现实,其想象具有一种特殊的夸大性;这种想象往往不是为了达到某个预定目的,而是以想象过程本身为乐趣。有意想象是有意识地唤起的,但通常不涉及实现意图;再造想象在这个阶段占主导地位,而创造性想象也在不断发展。5～6岁的学前儿童已经能够根据成人提出的游戏主题,通过自己的想象来充实内容。想象是对大脑中已有的表象进行加工改造,创造出新形象的过程。想象力是儿童运动中的核心认知成分,因为运动是儿童在想象情境下模拟真实生活的行为,必须借助想象力才能进行。

体育运动对学前儿童想象力的发展具有以下积极影响:

激发想象力:体育活动提供了丰富的情境,激发儿童在游戏中进行想象。

增强情景模拟:在模拟游戏或运动中,儿童通过想象来模拟不同的角色和情景。

提升创造性思维:体育活动中的创新玩法和策略需要儿童运用创造性思维。

培养角色扮演能力:团队运动中的角色分配和角色扮演有助于儿童发展想象力。

提高动作规划能力：儿童在规划运动动作时需要运用想象力，预测动作效果。

增强记忆力与想象的结合：通过回忆运动技巧和结合想象，儿童提高记忆力和想象力。

（六）体育运动对学前儿童意志发展的影响

意志是个体自觉地克服困难、实现预定目标的心理过程。培养儿童积极的意志力与儿童创造性思维活动、行为、个性及学习能力的发展密切相关。新生儿没有意志，但随着成长，婴幼儿开始有意识地采取行动或抑制某些行为，这可以看作意志的萌芽。到了3岁，儿童开始使用表达意愿的词汇，如"我想""我要"等。在学前儿童中，年龄越小，自觉性、坚持性和自制性等积极意志特征通常越弱，而依赖性、顽固性和冲动性等消极意志特征则越强。随着年龄的增长和教育的介入，学前儿童逐渐学会服从他人或根据自己的目标行动，减少外界环境的干扰。

体育运动对学前儿童意志力的发展具有显著的促进作用，具体表现在以下几点。

增强自觉性：体育活动中的目标设定和自我激励有助于提高儿童的自觉性。

培养坚持性：通过参与需要持续努力和练习的体育活动，儿童学会坚持不懈。

提高自制力：体育运动要求儿童控制自己的行为，遵守规则，从而增强自制力。

锻炼抗挫败能力：在运动中面对失败和挑战，儿童学会克服困难，提高抗挫败能力。

发展目标导向行为：体育活动的目标导向性促使儿童为实现目标而努力。

三、体育运动对学前儿童情绪和情感发展的影响

情绪是原始且简单的感情，是人们在从事某种活动时产生的兴奋心理状态，具有外显性、可观性和可控性。情感则是更高级、复杂的内心体验，通常与个人的需要是否得到满足有关，持续时间长且不太外显。情感在情绪的基础上形成和发展。学前儿童的生活经历相对较短，不足以形成明显的情感，但早期生活中健康和积极的情绪体验对他们未来形成健康情感至关重要。新生儿会对饥饿、不适、寒冷等表现出不安和啼哭等消极情绪。从出生至2个月大时，积极情绪逐渐增多。6～7个月大时，婴儿开始产生与父母的依恋和对陌生人的怯生情绪。8～10个月大时，婴儿可能会对分离产生焦虑。这种依恋感情是儿童社会性发展的最早表现，影响他们未来与人相处和面对现实的能力。随着年龄的增长，学前儿童有意识地控制情绪的能力增强，情绪变得更加稳定。此阶段的情感开始分化为不同类型，如信任感、安全感、荣誉感等。从2岁开始，学前儿童的情感表现变得更加丰富和复杂，包括喜悦、愤怒、初步的爱憎等，也可能出现一些不良情绪反应，如恐惧。学龄前期的儿童已能更有意识地控制自己情感的外部表现，例如故意不哭。

运动不仅促进身体健康和调节系统平衡的功能，还可以稳定个体的情绪状态。学前儿童参与运动锻炼可以宣泄负面情绪和压力，增强自信心。随着运动时间的增长、频率的增加和愉快体验的积累，对维持心理健康的要求越高，体育锻炼所产生的良好心理效应也就越显著。

四、体育运动对学前儿童社会性发展的影响

社会适应能力指个体为了在社会中更好地生存而进行的心理、生理和行为上的适应性改变，以实现与社会的和谐共处的能力。这种能力是一个人综合素质的间接反映，体现了个体融入社会和接纳社会的能力。学前儿童的社会适应能力包括对新环境的适应、与陌生人的互动以及与同伴交往的能力。著名幼教专家陈鹤琴先生非常重视对学前儿童进行人格教育，即社会教育。学前儿童时期是人生社会化的起始阶段，社会教育的核心是促进学前儿童社会化的发展。体育活动可以为学前儿童教育提供重要的途径，帮助他们培养积极乐观的生活态度、活泼开朗的性格和良好的行为品德，从而增强社会性，提高社会适应能力。

学前儿童的交往是其生长发育和个性发展的基本需求，也是社会适应能力发展的重要保证。皮亚杰认为，同伴间的合作与情感共鸣能为儿童提供更广阔的社会认知视野。运动中包含丰富的社会交往元素，游戏和体育运动是学前儿童社会交往的起点，并为他们提供了大量交往机会。在运动中，学前儿童必然经历同伴间及师生间的交流，他们需要表达自己的意愿、主张和态度，同时理解并回应他人的意愿、主张和态度。

儿童在运动中形成了两种交往关系：现实的伙伴关系和游戏中的角色关系。这些交往关系为儿童的社会适应能力发展创造了有利条件。在运动中，学前儿童通过互相观察、教导、模仿、讨论、协商和合作，学习并锻炼社交能力、社会行为，发展情感、态度、自制力和问题解决能力，掌握社会行为规范，形成一定的交往技能。与同伴的交往使他们意识到积极的、富有成效的社会交往是通过合作获得的。运动能培养学前儿童的团结合作精神，增强集体荣誉感。运动中的规则不仅调节参与者之间的关系，还有助于防止伤害事故，加强组织性和纪律性。这样，在运动中儿童逐渐发展道德责任感、对成人角色的认识和对他人的关心，学会与他人合作。运动活动中的团体协作为学前儿童解决社会问题提供了有价值的环境条件。学前儿童集体运动不仅发展了儿童的平衡能力、动作协调能力和耐力素质，更重要的是培养了他们的集体主义精神和团结协作精神。

五、体育运动对学前儿童个性发展的影响

各种运动为学前儿童个性的发展提供了有利条件，可以广泛培养学前儿童的兴趣，提高他们的各种能力。同时，运动还能培养学前儿童勇敢、果断、自信、冷静等优秀个性心理品质。在活动过程中，随着学前儿童相互之间交往的加深，他们的气质类型也将得到充分体现。

（一）运动有利于学前儿童自我概念的形成

自我概念是个体对自己的评价和印象，成为个性的核心。对学前儿童来说，身体运动能力是行动的基础。他们能做什么，主要由身体运动能力决定。因此，学前儿童对自己身体运动能力的确认，可能成为自我概念的中心。例如，能勇敢独立走过平衡木、先学会跳绳、投中更多目标的儿童，在教师赞许和同伴羡慕中感到自己有能力，逐渐形成积极的自我概念，自信心增强，愿意尝试新活动，面对困难或挫折时也充满自信。这种体验对形成

良好的自我价值感和个性有积极影响。教师应在体育活动中运用由易到难或难易不同环境，提高学前儿童身体活动能力，让他们体验成功，感受教师和同伴的肯定，帮助他们形成和发展自我概念，促进自尊心、自信心等良好个性的形成。

（二）运动有利于培养学前儿童勇敢、公正、进取的品质

在各种运动中可以发现，有些学前儿童能积极地反馈，但也有些学前儿童却表现出胆怯。胆怯害羞的儿童在活泼大方儿童的带动和教师鼓励下，逐渐加入运动，由害怕到勇敢表现自己。运动的独特魅力让儿童解放自己，锻炼胆量。体育运动的严格规则和公平意识是基本品质，可以在道德环境中培养公正。发现和解决问题是运动的重要组成部分，运动的挑战性能让儿童学会解决问题，克服困难，锻炼意志，发现和体现自己的能力，产生成就感，利于自信心和进取心的养成。

（三）运动还有利于矫正学前儿童的不良个性

学前儿童在运动中表现出积极主动、开朗活泼、友好善良。运动情节吸引他们，规则是他们乐于接受的约束。运动的心理氛围和专注有利于缓解紧张和焦虑，如击打拳击袋、草地翻滚、用力击球等。长期积极的情绪体验有利于学前儿童身心正常发育。体育活动增加良好情感体验，消除不良情感。一定活动量的体育活动消耗体内能量，产生满足和轻松情感。运动中克服困难和障碍，面对胜利或失败，增强自我控制能力。运动帮助儿童从他人立场看自己，意识到与他人的关系和位置，摆脱自我中心倾向。不良心理行为得到矫正，良好意志和人格得到培养。

第八章 学前儿童动作发展

动作发展是一个贯穿整个生命周期的复杂过程。婴幼儿的固有姿势反射和基础动作通常被称为"刻板动作"，它们是儿童期组合动作和学习更自主动作技能的基础。从儿童期到成年期，在任务、环境和个体特性（包括功能和结构）的影响下，人们学习、应用、精细化并改变各种动作模式。例如，儿童身高和体重的增加会影响其动作模式，因为个体结构的约束会随之变化。环境因素，如运动场草地状况和体育馆木质地板的光滑程度，也会对儿童跑步等动作技能的发展产生影响。不同任务，如用双手接篮球或气球，要求儿童采用不同的动作模式来完成任务。教师可以通过调整任务和环境因素来影响儿童动作技能的发展。

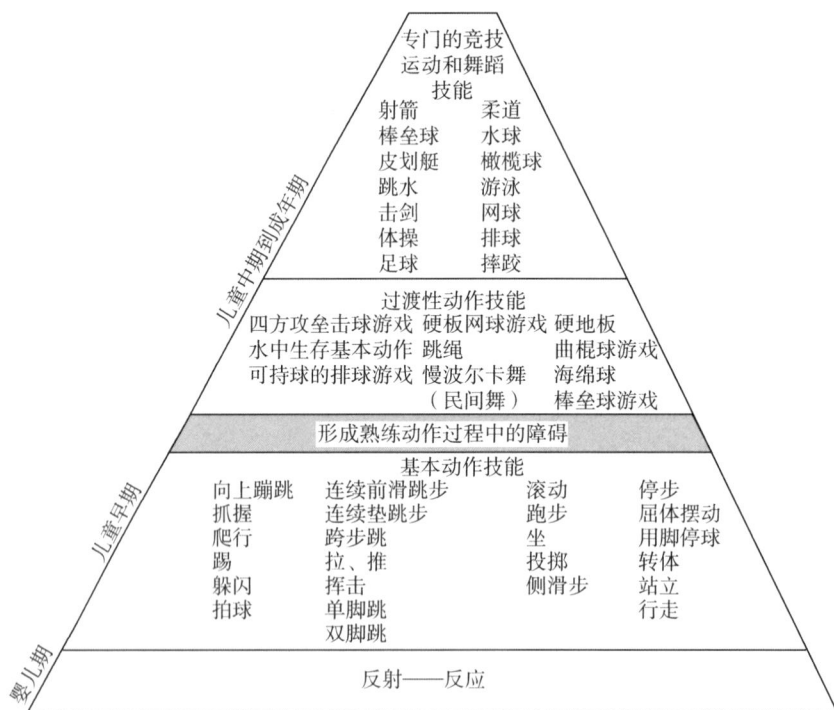

图 8-1　动作熟练度发展序列模型

基本动作技能可以分为位移技能（如跑步）、非位移技能（如扭转）和操作技能，也称为物体控制技能（如投掷）。基本动作技能包括跑步、连续前滑跳、单脚跳、连续垫跳、双脚跳、投掷、接球、踢球等。发展和提高这些技能对于熟练掌握各类运动、竞赛和舞蹈至关重要。儿童掌握的基本动作技能是他们有效完成动作的基础,也是探索环境、获取周围世界知识的重要手段。将发展基本动作技能比作学习字母表中的字母或字符,字母是学习单词的基础,儿童通过不同组合形成句子和篇章。同样,在动作技能发展中,如果儿童没有掌握正确的基本动作模式,他们在完成动作组合的能力将受限。

儿童在大约 3~8 岁的早期至中期形成多种基本动作技能的基础。这些基础使儿童在动作反应中有更多选择,提供更大的自由度。例如,儿童在踢不同大小和重量的物体时,无论是静止还是运动的,都能建立一系列动作模式,胜任许多特定任务。在足球、篮球、乒乓球等需要快速变化动作顺序和方向的比赛中,这些充分发展的动作技能使儿童在回应队友或对手的动作时有更多选择。通过持续练习,儿童储备了不同的动作技能模式,能够在遇到复杂动作情况时做出反应。

1980 年,西菲尔德提出的金字塔形模型(如图 8-1 所示)是最早的动作技能发展模型之一,称为动作熟练度发展序列模型。在这个模型中,反射是所有动作技能发展的基础,而基本动作技能是在反射基础上发展而来的更广泛动作技能。

第一节 投掷动作发展

一、投掷动作概述

投掷动作是儿童运动技能发展中的一项基本且重要的能力,它不仅有助于增强儿童的上肢力量和协调性,还能促进手眼协调和空间感知能力。在儿童早期,投掷通常从简单的抛球或丢沙包开始,逐步发展到更复杂的技能,如棒球中的投球或篮球中的投篮。正确的投掷技巧应包括稳定的站立姿势、恰当的握持物体方式、身体各部分协调一致的动作以及准确的目标定位。通过游戏和练习,儿童可以逐渐提高投掷的力度、控制和精确度,这对他们参与团队运动和日常体育活动具有积极的影响。家长和教师应鼓励儿童在安全的环境中练习投掷,同时提供适当的指导,帮助他们掌握正确的技巧,培养运动自信,并享受运动带来的乐趣。

二、上手投掷动作的发展序列

上手投掷是一种运动技能,特别是在需要将球或物体以较高抛物线投掷到远处或目标的体育活动中常见。这种投掷方式的特点是利用身体的协调性和力量,通过一个连贯的动作将物体从手中释放出去。

(一)上手投掷动作的整体发展序列

运动或动作技能的发展序列可分为两种方法:整体序列法和部分序列法。上手投掷动作发展的整体序列划分为五个阶段,表 8-1 概述了五个阶段及各阶段的动作特点。

表 8-1　上手投掷动作的整体发展序列

发展阶段	关键词	动作特点
第一阶段	砍	面向前方 手臂的砍切动作 下肢静态支撑躯干无扭转
第二阶段	扔掷	手臂上挥 扔掷 "组块"转体后续动作手臂跨越身体
第三阶段	同侧跨步	手臂高挥 同侧上步 躯干小幅度的扭转 后续动作手臂跨越身体
第四阶段	异侧跨步	手臂高挥 异侧上步 躯干小幅度的扭转 后续动作手臂跨越身体
第五阶段	熟练者	手臂向下后挥 异侧上步 分层次的转动 上肢和下肢的后续动作

　　如图 8-2 所示，投掷动作的第一阶段特点是下肢静态支撑，身体面向前方，臀部后翘和手臂进行砍切动作来产生力量，但效率较低。进入第三阶段，儿童开始能够采用同侧跨步的动作模式，即手脚同侧同步运动。到了第四阶段，儿童发展到能够使用异侧跨步的投掷模式，即手脚动作方向相反，这使得投掷更加有效。到了第五阶段，儿童已经掌握了熟练投手所需的投掷准备姿势和相应的肌肉力量。

第一阶段

第二阶段

第三阶段

第四阶段

第五阶段

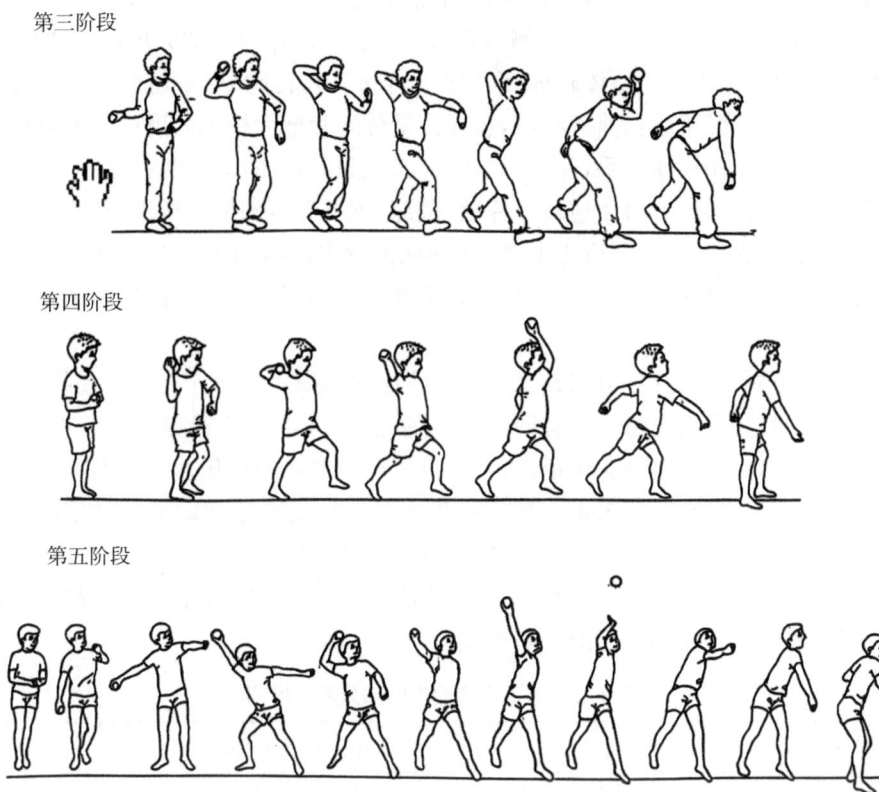

图 8-2 投掷动作整体序列各阶段线性轨迹

投掷动作发展的整体序列法对教师评价和追踪儿童投掷技能的发展非常有帮助。它能够敏锐地识别投掷动作形式的变化，并通过不同阶段的特征来观察儿童的进步，进而激励他们继续发展技能。然而，整体序列法因持有对投掷动作发展的绝对化观点而受到批评。该方法将第五阶段视为"理想的、成熟的最终阶段"，但现实中，投手们在非人为控制的环境下往往会根据任务和环境的要求调整他们的投掷模式。整体序列法的另一个缺陷是，它假设所有投手在同一阶段的动作模式是相同的，但实际上，不同投手在每个阶段的动作模式存在显著差异。与之相对的另一种研究投掷动作发展的方法认为，动作发展的顺序应由身体各部分的动作发展状况决定，而不仅仅是全身动作的发展状况。

（二）上手投掷动作的部分发展序列

根据部分序列法，投掷动作的发展应当依据身体各部分的发展情况来确定，即将动作分解为迈步、后引、躯干转体、上臂前挥和前臂前挥等各个组成部分进行分析。在表 8-2 中，这五个动作部分各自的发展序列被详细列出，每个分解动作都包含 3～4 个发展阶段。每个儿童的动作发展可以根据这些阶段进行排序。例如，步伐 1、手臂后引 1、躯干 1、上臂 1、前臂 1（S1、B1、T1、H1、F1）描述的是儿童处于非有效投掷状态，没有脚步动作，手臂后引和躯干转体也未发生，上臂与前臂虽成斜线但未明显后倾，主要依靠手臂完成动作，类似于整体序列法第一阶段的"砍切"动作。

与整体序列法相比,部分序列法提供了更精细的生物力学分析,能够区分不同的步伐长度(如短距离 S3 和长距离 S4 的异侧跨步),以及躯干动作的力学原理,区分"组块转动"(髋部、躯干和肩部作为一个整体转体)和"递次转动"(先转髋、后扭躯,最后转肩)。上臂和前臂的动作,即上臂滞后和前臂滞后,也在力量传递和增大投掷力度中起着重要作用。

高水平投掷者,如棒球投手,能展示 S4、B4、T3、H3、F3 的动作。在这一动作中,投手采用大跨步,手臂持球由下向后逆时针挥动,髋部、躯干和肩部依次扭转,产生充足的转动惯性,上臂滞后于肩部,前臂滞后于上臂,在棒球被掷出的瞬间形成"鞭"状发力。这些身体部位的动作联动产生巨大力量,传递给球,手臂必须利用整个身体产生的力量并通过后续动作发挥出来。

部分序列法强调,所有分解部分并不像整体序列法描述的那样有完美连接,但也不是完全独立。例如,儿童从无跨步到有同侧跨步的变化,并不意味着身体的其他部位(如躯干)也会随之变化。部分序列法还指出,各个身体部位动作的变化速率和时间不同。虽然部分序列法基于阶段论,但动态系统理论提供了对这种发展序列的或然性解释。部分序列法描述了投掷动作行为特征的多种可能组合结构,解释了儿童根据不同个体、任务和环境约束做出不同组合的投掷动作现象。在 27 种可能的组合结构中,有 14 种表现出投掷动作的行为特征,代表投掷动作的一般模式。

表 8-2　上手投掷动作的部分发展序列

各部分的动作	发展序列和具体特征
脚步动作分解序列	S1 无脚步动作:儿童从最初的站立姿势开始扔球。 S2 同侧步:儿童迈出的脚步与扔球手臂同侧。 S3 异侧步,短步伐:儿童迈出的小步与扔球手臂异侧。 S4 异侧步,长步伐:儿童迈出的脚步与扔球手臂异侧,并且两脚之间的距离大于儿童站立高度的一半。
后引动作分解序列	B1 无手臂后引动作:球直接从最初持球位置出手。 B2 肘和上臂弯曲:球从头后侧或同侧位置出手,此前上臂有意识的上举并伴随着肘的弯曲。 B3 手臂呈弧形向后上引:球从头后侧位置出手,此前肘关节伸展,手臂绕圆弧形过头后引,或倾斜后引或垂直从臂部提起。 B4 手臂显弧形向后下引:手臂开始向后向下是弧形运动,至腰部以下位置,最后球向上从头后侧出手。
躯干(骨盆一脊柱)动作分解序列	T1 无躯干动作或单一的前后方向动作(以右臂投掷为例):发力阶段只有上肢在运动。在向前挥臂的时候往往会带动躯干左转。但在挥臂之前,没有转体动作。如果因挥臂带动躯干转动,髋部也会相应地前屈以配合上肢发力动作。有时候儿童会遵循先伸展躯干,再屈髋的动作序列。 T2 上体或整个躯干"组块"的转体动作(以右臂投掷为例):躯干和髋部如一个整体或组块一样先向右转体,再迅速向左转体。有时,只有上体进行转动,而髋部正对投掷方向保持僵直状态没有转动或者仅仅是随着上体的转动而顺势转动。 T3 分层次的转动(以右臂投掷为例):发力阶段,髋部领先于上体向左转动。具体来说,当投掷选手沿投掷的反方向转体后,髋部首先开始向前转动,而此时,上体仍保持向后转体的姿态。

各部分的动作	发展序列和具体特征
向前挥动过程中上臂动作分解序列	H1 上臂的斜挥动作:上臂前挥至躯干的纵切面时,以高于或低于肩关节水平线的出手角度将球斜挥抛出。有时候,当向后引臂的时候上臂会和躯干形成一个直角,同时肘部指向目标,并在投掷过程中保持这个姿势。 H2 上臂与躯干联动但独立的动作:上臂与躯干联动,前挥至水平时将球抛出。上臂和躯干形成一个直角。当双肩(上体)转至面向前方的时候,上臂(肘关节)经肩部的水平面,独立挥动到身体纵轴的前面(从侧面观看)。 H3 上臂的带后于躯干的动作:上臂与躯干联动,前挥至水平方向前时将球抛出,但是当躯干上部已经充分前倾的时候,可清楚地(从侧面)看到上臂仍然在身体纵轴的后边。在上臂完全转向前面之前,没有内收的动作。
向前挥动过程中前臂动作分解序列	F1 前臂没有滞后:整个投掷过程中,前臂和球稳定的向前挥动直至球出手。 F2 前臂滞后:在投掷过程中,前臂和手的动作经常会滞后于身体其他部位的动作。例如当转动身体的时候,前臂和手基本上时在体后相对静止不动,或相对向下或后移动。它们会充分地向后向下延伸,或在肩部(上体)转至面向前方之前时一直保持静止的位置。 F3 延迟的前臂滞后:前臂的挥动动作通常会延迟到最佳的身体转至面向前方的时候才开始。

第二节　接动作发展

一、接动作概述

在运动、竞赛和日常活动中,"接"是一个常见的动作技能,主要涉及手的操作,并以抓住物体为目标。接球的表现取决于多种因素,如球的位置、速度、形状、大小和轨迹等。人们通常用单手或双手完成接球动作。儿童在初级阶段常用手掌和手臂接气球、大球和沙包等。

儿童要接住球,需要发展一系列技能,包括手眼协调、用眼跟踪物体的能力、连贯地预测并截获物体,以及运用触觉意识通过手指操作来接住动态物体。在接球技能中,熟练的接球手最关键的特征是能够跟踪和预测球的轨迹,并调整身体位置和姿势以成功接球。他们能控制手掌和调整手指以适应球的大小和力度,精确地截获物体。在具体动作中,手指、手掌和手臂需同时对球施加力量,以缓解接球时的冲击力。在世界级棒球、板球和橄榄球比赛中,我们能看到许多具有非凡技能的接球手,他们的快速反应往往决定队伍的成败。熟练接球手的主要动作特征如表8-3所示。

表 8-3　熟练接球手的动作特征

准备阶段	接球阶段
用眼睛注视来球 根据来球的飞行特点,协调身体位置 双脚微分站立 在接球前,双臂放松置于体侧或体前	移动双手截住来球,需根据物体的空间特征来精确的调整手指的位置(接高球时,手指向上,接低球时手指则略微向下) 手后移以缓冲 手指在恰当的时机抓住球 身体的重心从前向后转移

缺乏接球经验的儿童在接球时常表现出以下反应:把头转向侧面,闭上眼睛,害怕被飞来的球击中脸部而侧身远离球。此外,他们难以判断和跟踪球的飞行轨迹,通常只在球即将到来的最后一刻才做出反应。他们的手臂常常僵直地放在身体前方,而不会根据球的空间位置调整身体、手臂和手掌的动作。如果他们能接住球,更多是因为投手的经验丰富,而非他们自己掌握了接球技能。他们的手指僵硬,不会在球飞来时用手臂和手掌来缓冲球的冲击力。如果球是以较大力量投掷的,那么球很可能会在接触后从儿童手中弹出。当接球时机与球的到达时间不同步时,许多儿童在接到惯性较大的球后会遇到身体平衡问题。对于小球,儿童几乎无法接住;而对于大球,他们可能会用手臂将其搂在胸前。这样的经验不足的接球手并不具备竞技比赛中所需的基本技能,从发展的角度来看,儿童与家长、教师或同伴之间的接球练习,比让他们参加一些超出其发展水平的有组织的竞技运动更为有益,后者可能会给儿童带来不愉快的经历。

二、双手接球动作的发展序列

(一)双手接球动作的整体发展序列

根据整体序列法,双手接球的整体发展序列如表 8-4 所示和图 8-3 所示。第一个阶段描述的是几乎没有任何接球技能经验的儿童,在准备接球时,他们将手臂放在身体前面,一旦有球击中他们的胳膊,他们会以延迟反应把球搂在自己胸前。儿童通过胸前的搂抱、打捞等动作来逐步发展接球的技能,并逐渐过渡到用手接球。在进入第四个阶段,儿童通常会表现出一个明显的特点,即只能接住抛到身体上的球,抛到身体以外的球则会越过他们。在第五阶段,儿童开始能够移动身体来接球。这些接球动作技能的发展阶段的划分已在一些综合性的追踪研究中得到了初步确认。在这些阶段中,只有达到第五阶段的发展水平,才具备在竞技运动中所需要的接球的基本技能。

表 8-4　双手接球的整体发展序列

发展阶段	关键词	动作特点
第一阶段	延迟反应	手臂的延迟反应 手臂向前伸展 触球后把球搂在胸前
第二阶段	抱球	手臂先向两侧伸展做弧线的画圈动作 用胸将球抱住 原地或跨出一步

续表

发展阶段	关键词	动作特点
第三阶段	捞球	用胸触球手臂前伸到球的下方 用胸将球抱住 可能移动一步接球
第四阶段	用手接球	只用双手接球原地或者迈出一小步
第五阶段	移动接球	移动身体用双手接球

第一阶段

第二阶段

第三阶段

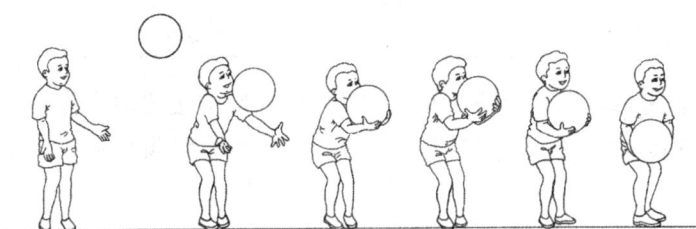

第四阶段

图 8-3　双手接球动作整体序列各阶段线性轨迹

60％的男女儿童能够达到相应阶段的水平。在接球技能的发展中,女孩通常先于男孩,这在多数动作技能的发展中较为罕见。接球技能的第一个阶段通常出现在儿童大约20个月大时,第二个阶段在38个月左右出现,而到48个月大时,性别差异尚未显现。女孩大约在60个月大时达到第四发展阶段,而男孩则在72个月大时达到同一阶段,比女孩晚了大约12个月。女孩在76个月大时达到接球技能的成熟阶段,而男孩则需到82个月大。

(二) 双手接球动作的部分发展序列

双手接球动作技能的部分发展序列由身体相关部位的动作组成,这些动作按照一系列步骤组合在一起。该序列包括手臂动作的四个发展阶段、手掌动作的三个发展阶段以及身体动作三个发展阶段,见表8-5。

表8-5　双手接球动作的部分发展序列

各部分的动作	发展序列和具体特征
手臂的动作	A1 几乎无反应:手臂向前伸展,几乎没有根据飞行的球而进行的动作,而且借助胸将球抱住。 A2 抱球:手臂先向两侧伸展然后做一个弧线的画圈动作,借助胸将球抱住。 A3 捞球:手臂伸展向前并移动到球的下方,借助胸将球抱住。 A4 手臂后让:手臂伸展迎球,手、手臂及身体后让缓冲接球,用手抓住物体。
手的动作	H1 掌心向上:手掌面向上方。 H2 掌心朝里:双手手掌相对。 H3 手掌调整:手掌随着将要接到的球的飞行的情况和球的大小进行相应的调整。根据球飞来的高度来调节大拇指与其他指头的距离。
身体的动作	B1 无调整动作:对于球的飞行路线,身体没有进行任何相应的调整。 B2 笨拙的调整:手臂和身体随着球飞行的路线开始移动,但是,头仍然僵直,使接球动作笨拙,接球手似乎不能保持平衡。 H3 适宜的调整:脚步、身体和手臂都能随着飞过来的球进行相应的调整。

个体差异、任务特性和环境条件等多种因素共同影响接球动作的表现。表8-6对双手接球动作的约束因素进行了分类,并从个体、任务情况、环境约束等三个方面进行了详细说明。

表8-6　双手接球动作的约束因素

个体约束	任务约束	环境约束
性别 年龄 经验	球的位置和飞行轨迹 距离和高度 球速	球的大小 球的颜色和球的背景 观察时间

第三节　踢动作发展

一、踢动作概述

踢是一种用脚击打物体的动作形式,是许多运动中的关键技术,包括足球、踢毽子等。执行踢的动作,需要眼足协调、平衡和动作感知能力。静态和动态平衡对于踢至关重要。高水平的踢球选手会根据生物力学原理优化踢球动作,熟练的踢球者能根据球的力度、距离、轨迹和预期的踢球效果进行调整。在职业足球比赛中,足球运动员能展示出数百种不同的踢球方法。例如,他们可以轻巧地将球踢出几米远,或用力踢出半场。踢球动作的种类取决于接球时球的速度和位置,以及预期的踢球结果。熟练踢球者的动作特征如表8-7所示。

表 8-7　熟练踢球者的动作特征

准备阶段	躯干稍向后倾用力阶段	触球时,上身后倾后续动作阶段
连续助跑 触球前支撑腿大步或跨步动作 在球后侧或旁边的支撑点落脚	踢球腿后摆,膝关节弯曲 用力摆腿顺序——先大腿,再小腿触球时,伸腿	由于踢球腿用力向前上摆动,经常导致支撑腿离地,表现出跳跃步,以缓冲力量 躯干后倾 手臂反向运动以减缓腿的力量

没有经验的踢球者与熟练的踢球者不同,他们不能清晰地展示踢球的准备、发力和完成三个阶段,且踢球动作缺乏力度。初学者通常会站在球后,轻轻地从地面抬起脚,没有明显的后摆就将球踢出。他们的上半身保持不变,手臂垂放在身体两侧。当脚触球时,踢球腿会弯曲,一旦球被踢出,腿就会迅速收回。显然,如果儿童以上述方式踢球,他们将无法在运动比赛中或更复杂的环境中有效踢球。

二、踢球动作的发展序列

以距离为目标的踢球动作发展经历四个阶段。如表8-8和图8-4所示,在第一阶段,技能处于萌芽期的儿童静止地站在球后,简单地抬起腿轻触球,使球向前滚动不远处。儿童基本上保持这种踢球动作,直到进入第三阶段。至少在第三阶段,儿童开始采用上步踢球或加助跑踢球的模式。在这个阶段,他们开始用力踢球,做出将腿向后摆动的动作,然后用力将球踢出。到了第四阶段,儿童能够运用支撑腿大跨步或跳跃步接近球,踢球腿用力摆动触球,并用跟随动作来缓冲踢球时产生的冲击力。这些阶段反映了儿童踢球技能的逐步发展,从最初的简单触碰到能够控制踢球的力量和准确性。

表 8-8 踢球动作的整体发展序列

发展阶段	关键词	动作特点
第一阶段	原地用脚推球	一点点(没有) 腿的摆动 原地站立 脚"推"球 踢球后(经常)后退
第二阶段	原地腿摆动	腿向后摆动 原地站立 手臂和腿反向摆动
第三阶段	移动踢球	脚以较低的弧度迈出 胳膊反向运动 踢球后向前或侧做后续迈步
第四阶段	跨—踢—单脚跳	快速接近球 躯干后倾 踢球前有跨跳步踢球后表现出单脚跳

第一阶段

第二阶段

第三阶段

第四阶段

图 8-4 踢球动作整体发展序列各阶段线性轨迹

超过 60% 的男孩和女孩在特定年龄达到了相应踢球阶段的动作技能发展水平。男孩和女孩的踢球动作技能大约在出生后第 20 个月进入第一阶段。从这时起，男孩的表现开始优于女孩，随着年龄的增长，这种差异变得更加明显。男孩在大约第 40 个月进入第二个阶段，而女孩则在第 46 个月左右进入，比男孩晚了 6 个月。男孩在 54 个月时进入第三个阶段，女孩则在 74 个月大时进入。之后，经过一段较长的过渡期，男孩在 87 个月大时展现出第四阶段的动作技能，女孩则在 99 个月左右开始。在踢球动作技能的发展中，男孩显示出较大优势，不仅在动作过程的发展上，也在动作表现的结果上，如踢球的距离通常比女孩更远。由此可见，性别对踢球动作技能的发展有影响。随着年龄的增长，由性别造成的动作技能差异趋于更加明显。

随着踢球动作技能的发展，儿童的动作表现为跨步更大、腿后摆幅度更大、触球更有力、身体倾斜幅度更大，以及缓冲动作更连贯。观察儿童踢球时，会发现他们经常交替使用不同的腿来完成踢的动作。尽管关于脚使用习惯的研究不多，但成年踢球者的常见模式是左脚支撑，右脚踢球。在童年早期，大多数儿童双脚混用，直到童年中期才可能转为主要使用右脚。有趣的是，左脚踢球的现象相对稳定，虽然右手为主的文化倾向影响明显，如大多数人使用右手写字、吃饭、刷牙等，但对脚的使用，来自环境的压力相对较小。因此，如果不有意识地限制，儿童很可能会成长为能够灵活使用左右脚的人。

在踢球时，有经验的儿童相比成人，髋关节、膝关节和脚踝的最高动作速率较低，且在踢球时机上存在差异。儿童踢球动作的运动链主要是从躯干向四肢的顺序，以获得最佳的动作表现。然而，儿童和成人在踢球时髋关节的最高线性速度发生的时机不同，成人是在踢球的同时，而儿童则是在踢球前。在所有四个动作技能发展阶段，儿童踢球时膝关节都有弯曲。此外，有经验的运动员在大腿减速和小腿加速之间存在一定的协调性。

三、踢凌空球动作的发展序列

踢凌空球是球类运动中的一项动作技能，即用脚击打空中的球，尤其是踢球者自己抛起的球，难度较高，要求运动员能准确地将球抛到脚前并踢中。它是一项复杂技术，需要眼、手、脚的协调、平衡以及相应的动作感知能力。为了实现理想的动作效果，踢凌空球的动作技术应遵循生物力学原理，使得踢球者能将球踢向精确的位置和距离。一个完整而正确的踢凌空球动作通常包括三个阶段：准备阶段、发力阶段和后续动作阶段。高水平踢球者在踢凌空球时的动作特征如下表 8-9 所示。

表 8-9　高水平踢球者在踢凌空球时的动作特征

准备阶段	用力阶段	后续动作阶段
手臂伸展至躯干前面 持续移动至球 踢球前的大步（或跨步）动作 躯干轻微向后倾斜	摆动腿后摆，膝盖弯曲 大腿带动小腿依次向前用力摆腿 触球时腿伸直 触球时脚腕伸展 躯干后仰	手臂移动至身体两侧，并相对于踢球腿反向摆动 摆动腿有力地向前向上运动，支撑腿离开地面或跳起来（以减缓冲力）

无踢凌空球经验的人和踢球技术较差的人在表现上极为相似，与有经验的踢球者在

准备阶段、用力阶段和后续动作阶段所展现的技能有显著差异。缺乏经验的人往往会将球抛得过高,且不具备熟练踢球者所具有的发力过程。技术一般的踢球者可能从固定姿势开始,用手抛出的球轨迹成轭状,不等球落到适当高度就急于抬腿踢球,手臂也会随着腿部动作抬起。他们的抛球动作和摆腿时机不当,腿部缺乏后摆,摆动腿似乎是被"推"到支撑腿前,脚踝部分呈直角。由于缺少发力过程,上半身几乎不参与动作,技术较差的凌空踢球者也缺乏有效的后续缓冲动作,抛球后手臂自然下垂于体侧。

(一)踢凌空球动作的整体发展序列

图 8-5 描述了踢凌空球整体发展序列的四个阶段。除了抛球阶段的动作不同外,其他动作基本上反映出了与普通踢球动作技能相一致的发展过程。在第一阶段,儿童尚未掌握抛球技巧,发力时腿部后摆有限。到了第三阶段,儿童能够将球抛到脚部,并能在踢球前先迈出一步。至第四阶段,儿童增加了一些必要的元素以加大踢球力度,并通过结束动作来缓冲发力。学前儿童处于动作技能发展的初级阶段,儿童一般直到小学后期才能较为熟练地完成踢凌空球动作。

第一阶段

第二阶段

第三阶段

第四阶段

图 8-5 踢凌空球动作整体发展序列各阶段线性轨迹

（二）踢凌空球动作的部分发展序列

踢凌空踢球动作技能的部分发展序列包括三个步骤，具体包括球离手动作的四个发展阶段，专注于上肢动作的触球动作的三个发展阶段以及专注于腿部动作的触球动作的三个发展阶段，具体内容见表 8-10。

表 8-10　踢凌空球动作的部分发展序列

各部分动作	发展序列和具体特征
球离手阶段：上肢动作	H1 上抛：双手持球，支撑脚着地后（如果向前迈步），将球向上抛出。H2 将球从胸高处延迟下落：双手从两侧持球，支撑脚落地后（如果向前迈步），将球从胸高处下落。 H3 将球从齐腰处下落：一只手从球的旁边挪到球的下部，另一只手从腰部向前上挥摆，球在支撑脚着地的同时或之前落下。 H4 将球从胸高处先下落：一只手从底部挪到球的下部，另一只手则移到球的旁边和顶部。双手向前上持球，在胸前落下，此时，开始踢球动作。
触球阶段：上肢动作分解	A1 手臂下摆：球离手后，手臂从球两边回落到臀部两侧。 A2 手臂内收：球出手后，向内收双臂；当踢球腿往前摆动的时候，踢球腿的同侧臂可能需要往后摆。 A3 手臂反方向摆动：球出手后，双臂从两边向内收；触球时，于踢球腿异侧的手臂与踢球腿一起往前摆动；踢球腿的同侧手臂则内收并向后摆动。
触球阶段：下肢动作分解	L1 无步伐动作或小步移动，踝关节弯曲，不挪动或挪动一小步：踢球腿在和支撑腿平行或者从稍靠后的位置前摆；触球时，膝关节少年之或弯曲成 90 度角（后者更常见），球落在膝关节的上方或下方；触球时，大腿积极上摆，踝关节倾向于背屈。 L2 大步，踝关节伸直：可以向前迈几步，支撑腿向前迈的最后一步是跨一大步；触球的时候，踢球的大腿减速或者停止向前移动，踝关节有弯曲；膝关节在触球时呈 20～30 度角或者伸展动作。 L3 跨步和跳跃：儿童可以采用多步的助跑方式，但是最后一步其实是以跨跳的形式过渡到支撑脚上；触球后，踢球腿的动力可以把身体带离地面。

第四节　挥击动作发展

一、挥击动作概述

挥击是一种重要的球类用力技能，广泛应用于多种运动形式，并在体育教育中占有重要地位。常见的挥击形式包括侧击、下手击、上手击、单手击和双手击。所有这些挥击方式都在一定程度上受到任务要求和环境特点的影响，例如目标的位置、空中的球以及环境和任务导向的其他约束因素。

在最初的挥击形式中，儿童可能会用手或身体的其他部位，以及短柄球拍来挥击气球和球，可以单手或双手完成挥击动作。进入小学阶段，儿童可以学习单手挥击动作，如乒乒球,或双手持棒挥击,如棒垒球,以及其他运动项目中的专门挥击形式,例如羽毛球的正手高远球、排球的上手发球和扣球动作等。乒乓球是中国的国球,许多家庭都参与乒乓球活动,儿童在手握球拍的环境中成长。除了乒乓球,还有许多其他体育娱乐活动也以挥击为基本动作,如羽毛球、网球、壁球、排球、棒球和垒球等。在研究挥击动作的发展序列时,可以发现挥击动作和投掷动作在生物力学上有许多相似之处。

手眼协调对于挥击动作来说非常重要,因为它是连续跟踪和拦截物体的基本保证。近远法则是动作发展方向与序列的一个重要原则,即儿童的动作技能学习和发展是从身体中线向外开始的。当儿童挥击气球时,最难以控制的部位是他们的手,因为手距离身体最远。然而,在使用球棒击球时,球棒的顶端变成了距离身体最远的部位。显而易见,当儿童试图控制比身体远端还远的物体时,他们需要付出更大的努力来感知球棒在三维空间中的位置。经常可以看到学前儿童在使用球棒击打固定在球撑上的皮球时出现打偏的情况。对于成人来说,面对静止物体挥出球棒却打偏是不可思议的,但对儿童来说,这是一个复杂且具有挑战性的任务,因为他们需要感知球棒远端的位置,并努力精确地使球棒远端击中球。在这种情况下,儿童可能需要使用较短的球棒,抓住球棒的中间位置,或者直接用手击球以降低任务难度。当儿童经过训练能够熟练掌握挥击动作后,他们便能做出准确的判断,并在短时间内完成精确的动作。

挥击动作有多种形式,但在动作技能发展的研究中,特别关注用球棒挥击、从体侧挥拍击球以及上手击球,如网球和排球的发球动作。熟练的挥击包括三个阶段:准备动作、用力动作和后续动作。表 8-11 展示了熟练挥击手在完成挥击动作时的动作特征。

表 8-11　熟练挥击手在完成挥击动作时的动作特征

	体侧挥动球拍	用球棒挥击
准备动作阶段	把球拍沿水方向后摆,即引拍 侧对目标	身体侧转,两脚前后站立,重心在后腿上 当双手做后引棒动作时,上步并将重心前移
用力动作阶段	持球拍的异侧腿大步迈进准备击球 充分地向前挥击 躯干和髋部依次转动产生转动惯量 将引拍、迈步、下肢与躯干的转动、挥臂、触球和后续动作连贯起来以产生最大的力量 击球前伸展两臂	持棒的异侧腿大步迈进准备击球 充分地向前挥击 躯体依次地转动产生转动惯量 将引棒、迈步、下肢与躯干的转动,挥臂、触球和后续动作连贯起来以产生最大的力量 击球前伸展两臂
后续动作阶段	手臂挥动到身体的另一侧 身体的重心越过支撑腿	腕关节的滚动 球棒挥动到身体的另一侧 身体的重心移至前脚

缺乏经验的击球手的挥击动作往往类似于新投掷手将球"砍"出的动作。他们在尝试挥击时,通常面对目标,采取过肩"砍"的动作;并且往往是将球拍或球棒由高到低地挥出,手臂常常是先弯曲后伸直。此外,挥击前的引拍动作往往很小或根本没有,经常缺乏步伐移动。即使偶尔有脚步动作,也往往是身体同侧的腿在移动。躯干和臀部缺少转体动作,手臂和手腕僵硬,无法调整球拍或球棒的角度来适应来球。儿童在初学挥击动作时,挥拍

（棒）的时机常常与物体的飞行节奏不同步。

二、挥击动作的发展序列

图 8-6 展示了挥动球棒的四个发展阶段。在第一阶段，儿童在挥动球棒时双脚保持静止，身体前倾。到了第三阶段，他们开始通过向前移动同侧腿来接近球，同时异侧腿向体侧迈出。在最后一个阶段，儿童开始掌握如何移动异侧腿，以完成有力的摆动和流畅的后续动作。

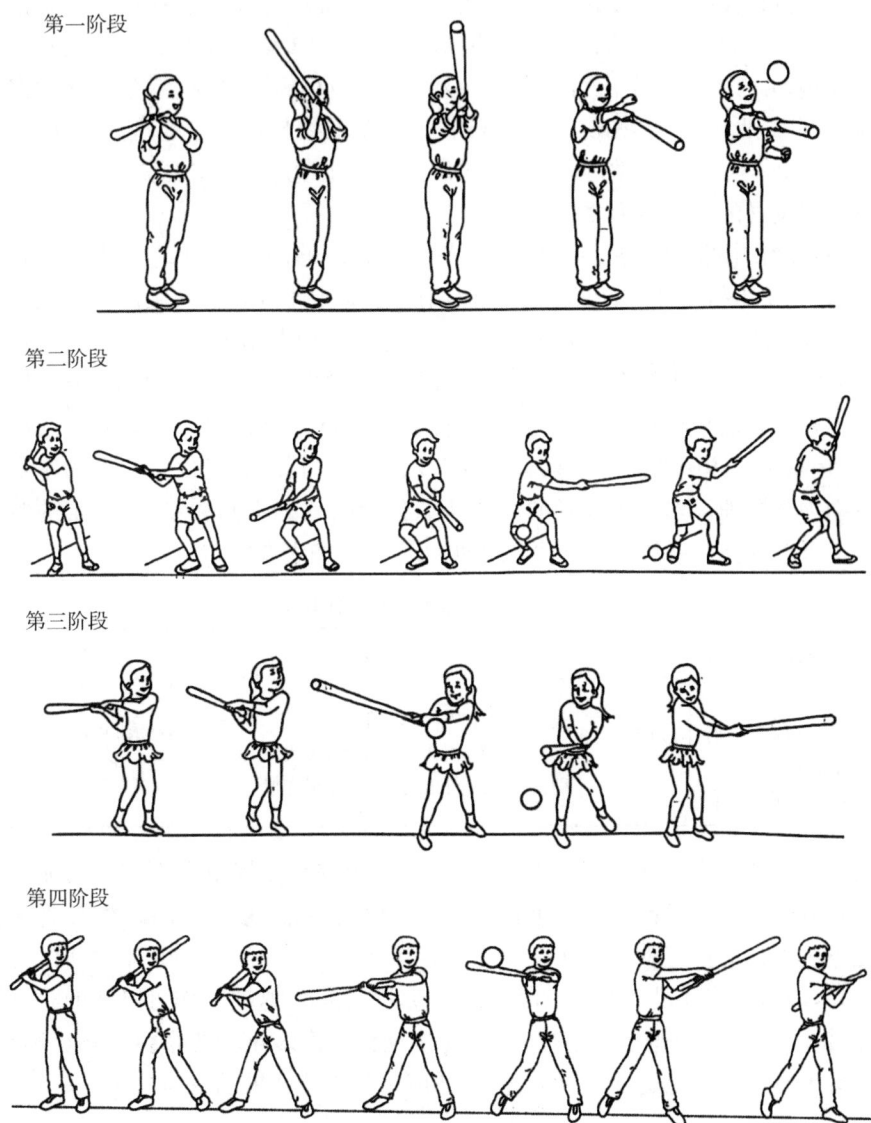

图 8-6　挥击动作整体发展序列各阶段线性轨迹

第五节　跑动作发展

一、跑动作概述

跑是一种位移技能,通过两脚交替作为支撑点来推动身体向前移动。它是由步行延伸而来,包含一个两脚同时离地的阶段。跑形式多样,大多数儿童和青少年的竞技活动和游戏都需要跑动。例如,一个流行的追逐游戏"警察与小偷"。扮演警察的儿童需要抓到扮演小偷的儿童,此游戏通常在限定区域内进行,要求参与者不停地跑动。此外,跑步也是体育课程中必不可少的教学内容,教师通常会组织儿童进行不同形式的跑步练习,跑步也是儿童最早发展的动作能力之一。

儿童跑步动作技能的发展首先要求每条腿都有足够的力量推动身体向前和向上运动,同时需要具备维持身体平衡的能力。他们还必须有协调双腿以保持连续稳定步伐的能力。随着儿童跑步动作的不断发展,他们可以更有效地在跑步方向上增大力量,同时减少对跑步成绩起消极作用的多余动作。例如,儿童逐渐摒弃上抬膝关节的动作,转而前倾上身使身体移动更加平稳;他们学会正确的摆臂动作,即前后摆臂,与同侧腿的动作方向相反,而不是越过身体中线的左右摆臂。这些动作技能的发展变化使他们的跑步技术更加符合生物力学原理。熟练跑步者的动作特点包括高效的步幅和步频、稳定的躯干姿势和协调的上下肢动作。熟练的跑步者的跑步动作特点如表 8-12 所示。

表 8-12　熟练跑步者的动作特征

力的产生阶段	摆动阶段	支撑阶段
上体前倾 在蹬离地面时,腿伸展成 180 度 摆动腿屈膝前摆 屈臂且与同侧腿反向用力	双脚离地的空中阶段 离地后摆动腿弯曲以缩短腿的摆动力矩,从而再尽快变为支撑腿	从脚跟过渡至脚趾,或脚前掌着地

而缺少经验的跑步者通常上体直立,更多地利用手臂保持平衡而非助力前进。初学者的跑步姿态较宽,步伐较短,常采用扁平足式的触地,他们通常会抬高膝盖,将手臂保持在高位或中位以帮助稳定躯干。从生物力学角度来看,这种手臂和腿部的动作对提高跑速效率不高,因为它们并没有有效贡献于前进动力。然而,这些动作可以帮助儿童轮流用左右腿交替支撑,推动身体重心前进,完成跑步动作。许多年幼儿童由于脚小和重心高,在动态运动中更难保持稳定,因此他们需要适应单脚支撑并推动身体移至另一只脚。

二、跑动作的发展序列

(一) 跑动作的整体发展序列

如表 8-13 和图 8-7 所示,整体序列法将跑步技能的发展分为四个阶段。童刚开始学会跑步时,手臂主要起到保持平衡的作用。随着跑步技能的提高,他们逐渐学会利用手臂摆动来增加跑步速度和效率。在第一阶段,儿童跑步时采用小步伐,并将大腿抬得很高,同时手臂上扬、肩膀耸起,以保持身体平衡。这种姿势被称为"高位保护",有助于儿童在摔倒时用手保护自己。这个阶段的跑步动作也被称作快速的摇摆走。进入第三阶段时,儿童开始将手臂放到体侧,并与腿部动作同步前后摆动。到了第四阶段,儿童的手臂摆动变得更加屈臂、有力和协调。随着动作技能的提高,儿童在奔跑时的身体姿态会从直立逐渐转变为水平前倾。成熟的奔跑者在奔跑中,髋部与肩部之间的假想线与垂直方向的角度大约为10度左右,这种适度的前倾有助于他们更快地水平前进。在跑动过程中,当奔跑者的重心前移,这种前倾有助于他们维持动态稳定性,并控制因身体重心移至支撑点外而产生的失衡感。到了动作发展的第四阶段,奔跑者会充分伸展蹬地腿至脚趾,以蹬地提供推动力。

表 8-13 位移技能的整体发展序列

发展阶段	关键词	动作特点
第一阶段	高位保护跑	手臂——高位保护 脚扁平着地 小步子 两脚与肩同宽
第二阶段	中位保护跑	手臂——中位保护 身体直立 腿接近完全伸展
第三阶段	脚跟——脚趾手臂伸展	手臂——低保护 手臂反向摆动 肘关节几乎完全伸展 脚跟——脚趾着地
第四阶段	手臂有力摆动	脚跟——脚趾着地(疾跑时是脚前掌——脚跟着地) 手臂与腿反向摆动 加厚跟大幅度动作 肘关节弯曲

第一阶段

第二阶段

第三阶段

第四阶段

图 8-7 跑动作整体发展序列各阶段线性轨迹

（二）跑动作的部分发展序列

根据部分发展序列法，跑的动作包括腿的动作和手臂动作，身体部分序列法描述的跑动模式与整体序列法的趋势是一致的。动作的转变体现在从最初的步履蹒跚到后来的脚后跟或前脚掌着地，手臂动作则从"高举保护"转变为肘关节弯曲的前后摆动，具体参见表8-14。

表 8-14 跑动作的部分发展序列

各部分动作	发展序列及特征
腿的分解动作	L1：极小的腾空，全脚掌着地，脚趾外展，摆动腿外展。 L2：腾空时间增加，经常出现全脚掌着地，步幅加大，膝关节折叠至少成90度角，大腿有侧摆，导致摆动腿的脚越过身体中线置于身体后侧。 L3：腾空时支撑腿完全伸展，脚跟或脚前掌着地，摆动腿脚踝放松，膝关节提升前摆。
手臂分解动作	A1：手臂高位保护，或中等保护，对跑动没有作用。 A2：摆动的方向与同侧髋部和腿的动作方向相反。 A3：摆动方向与同侧腿的动作方向相反，但越过身体中线，肘关节在前摆时弯曲，后摆时伸展。 A4：摆动方向与腿的动作方向相反，手臂前后摆动，肘关节弯曲。

通过童年早期的练习，个体可以形成有效的跑步动作模式。因此，为儿童提供充分的练习跑步技能的机会非常重要，他们也应该体验多种形式的跑步，如短跑、慢跑和变向跑等。这些练习机会将为儿童有效移动的动作技能发展打下坚实的基础。良好的跑步形式是其他基本位移技能和健康生活方式的重要保证。

第六节 跳动作发展

一、跳动作概述

跳是一种身体弹射技能,包括双脚的腾空和落地。为了正确完成这种爆发性位移动作,个体需要具备一定的力量并保持动态平衡。起跳时,手臂、腿和躯干必须协调一致,在空中不断调整位置,并在落地时准备好缓冲。其他一些弹射技能,如跨步跳和单脚跳也被认为属于跳这一动作技能范畴。跳包含了双脚起跳和双脚落地,它可以在多种方向上进行。尽管立定跳远在许多运动项目中并非必备技能,但在儿童早期,发展跳跃动作技能有助于协调性和腿部力量的提升。

儿童通常在两岁左右就已开始发展跳的动作技能,但这项技能尚未成熟。幼儿园和小学阶段是发展跳跃表现的重要时期。最初的前跳的行为包括膝关节弯曲和反复下弹,以实现起跳腾空。这些尝试代表了最基本的跳的模式,通常还包括两侧手臂的动作以辅助身体向上。然而,儿童在这个阶段实际上还不能有效地推动自己离开地面,因为他们缺乏足够的力量,也未能掌握合适的时机来克服重力,实现身体腾空。双脚起跳的难度发展为从高处向下跳——向上跳——向前跳——跳过物体。

如表 8-15 所示,熟练的跳跃者在起跳前的准备动作、爆发力的产生以及跳的整个阶段都具备精细化的动作。他们知道在起跳时如何合理地安排时间,并精确地协调身体各部分以产生最大的推动力朝既定目标跳去。在腾空阶段,动作熟练者可以改变他们的手臂和腿部动作,在着地时做好后继缓冲。

表 8-15 熟练立定跳远者的动作特征

准备阶段	起跳阶段	腾空阶段	落地缓冲阶段
膝盖蹲屈 手臂前后摆动	手臂用力向前上方摆动,腿部向前上方用力蹬地 从脚趾到躯干、手臂和手指等部位,做好充分的展体 前倾角度大约在 45 度左右	手臂向下向后摆动 腿向前上方快速移动,同时保持膝关节弯曲	前伸脚后跟触地 大腿与地面平行 手臂向前摆动促使身体前移 臀部走弧线,在几乎贴近脚后跟时再向上方移动

缺乏双脚立定跳跃经验的人在尝试跳跃时,往往会表现出一些共性特征。例如,他们通常难以实现腾空,或者仅能使双脚略微离开地面。初学者在屈膝时角度往往不到 90 度,并且在用力时很少能够同时做到用力展臂、展体和伸展躯干。由于儿童对起跳时机的把握不准确,平衡能力、力量素质较差,以及腿部协调性尚未建立,他们常常无法双脚同时起跳,并可能表现出多余的手臂动作,这些动作对于有效跳跃并无帮助,且多数情况下在着地时容易失去平衡。

二、立定跳远动作的发展序列

(一)立定跳远动作的整体发展序列

根据整体发展序列法,儿童立定跳远的动作发展经历四个阶段(如图 8-8 所示)。儿童从站立位置开始,双脚起跳,尽可能跳得远。由于儿童还不适应身体前倾的状态和向远距离跳,前两个阶段包含了垂直向上跳的动作。实际上,跳跃的必要条件是,儿童有意识地在起跳的瞬间身体前倾失去平衡。跳跃的一个关键要素是儿童在起跳瞬间有意识地前倾并失去平衡。对于初学者来说,重心前移可能会感到害怕,他们可能会通过向上或向后移动手臂和躯干,或在空中舞动手臂来抵消这种感觉。随着儿童跳跃技能的提高,他们能够在身体前倾的起跳位置通过快速向前上方摆动手臂来产生推动力。在跳跃动作技能发展的早期,儿童还不能在跳跃中完全伸展腿部,而是将腿直接置于身体下方。随着技能的发展,腿部开始伸展,身体倾斜角度也逐渐接近 45 度。到了第四阶段,儿童在起跳时整个身体能够完全伸展。

图 8-8　立定跳远动作整体发展序列各阶段线性轨迹

（二）立定跳远动作的部分发展序列

根据部分发展序列法，儿童立定跳远动作可分解为腿部动作和手臂动作，发展序列特征如表 8-16 所示。

表 8-16　立定跳远动作的部分发展序列

各部分动作	发展序列及特征
腿部动作	L1：单脚起跳，几乎没有屈膝的准备动作。 L2：脚跟离地前，膝关节开始伸展。 L3：膝关节伸展与脚后跟离地同步。 L4：脚跟先离地，随后膝关节伸展，跳跃者身体明显前倾。
手臂动作	A1：手臂无动作或耸肩。 A2：手臂外展，向前或向两边摆动。 A3：起跳时手臂前摆但是没有完全伸展至超过头的位置。

练习机会和身体发育对提高儿童的跳跃能力至关重要。完成一次成功的立定跳远需要无数次尝试和练习，以发展协调性和准确把握起跳时机。通常，学前儿童的腿部动作发展比手臂动作快，只有约 30% 的儿童腿部和手臂动作发展水平一致，初学者需要学习如何协调身体完成这一复杂技能。此外，身高和腿长的增加以及力量的增长对改善动作模式和增加跳远距离都有显著帮助，因为足够的力量是将身体从站立位置牵引腾空的关键，而这种能力需要时间来发展。尽管跳跃动作在 2 岁时就已出现，但它是需要最长时间才能发展成熟的技能之一。大多数儿童直到 10 岁左右才能达到动作的第四阶段。跳跃技能发展所需时间较长，这与技能的复杂性、身体尺寸的变化，以及儿童在运动、游戏、舞蹈中较少运用这种技能有关。

三、纵跳动作的发展序列

纵跳是篮球、排球、跳水和体操等运动项目的重要组成部分。纵跳与立定跳远的主要区别体现在身体位置、起跳角度和动作速度上。在立定跳远中，臀部伸展更快；而在纵跳中，脚踝和膝关节伸展更快，身体必须直接向上跃起以克服重力。纵跳在生物力学方面对协调性和起跳时机的把握也略有不同于立定跳远。尽管如此，在实践中，两者的基本动作特征非常相似。起跳时，可以观察到从脚到手臂的完全伸展。由于跳跃者的身体是直接竖直向上跃起，而非向外，因此他们无需向前倾斜。通过在练习者头顶正上方设置触摸目标，可以提高他们的纵跳能力和表现。

纵跳动作的发展可分为三个阶段：起始阶段、初级阶段和成熟阶段。表 8-17 阐述了各个阶段的特征，这三个阶段与前面描述的立定跳远发展阶段紧密相关。

表 8-17　纵跳发展的起始、初级和成熟阶段

发展阶段	起始阶段	初级阶段	成熟阶段
动作特征	准备姿势的蹲伏动作不协调连贯 起跳时身体没有伸展 缺乏双脚起跳的能力缺乏一定的跃起高度	膝关节弯曲蹲伏角度超过 90 度 双脚起跳 身体没有完全伸展手臂开始辅助用力和保持平衡 着地时缺少平衡	膝关节弯曲蹲伏角度在 60 到 90 度之间 起跳时整个身体完全伸展 有控制地落地

四、单脚跳动作的发展序列

单脚跳是一项需要力量、时机选择和平衡能力的身体弹跳技能。儿童在执行单脚跳时必须单脚起跳并同脚落地,这使得单脚跳比双脚跳更具挑战性。完成这一动作需要良好的平衡感和强大的腿部力量。此外,儿童在单脚着地时还需做好缓冲动作。由于脚小,儿童在起跳和落地时提供的支撑和缓冲较小,这使得单脚跳动作技能的出现比双脚跳晚约半年到一年。

尽管成年人很少使用单脚跳,但为了给儿童打下广泛的基本动作技能基础,增加他们选择运动形式的灵活性,发展这一技能仍然重要。单脚跳也是儿童游戏和舞蹈的一部分,"跳房子"是一种流行的户外游戏,要求儿童从一个方框单脚或双脚跳到另一个方框,同时跨越放有石头或小布袋的方框。许多民间舞蹈也将单脚跳融入舞蹈动作中。单脚跳动作熟练者的动作特征包括支撑脚保持很好的平衡;支撑腿在起跳时完全伸展,落地时弯曲;非支撑腿在跳的过程中前后摆动;手臂与摆动腿方向相反;身体前倾。

缺乏单脚跳经验的儿童往往身体更垂直,需要用手臂辅助腾空,用非支撑腿保持平衡。初学者通常会将大腿放在身体前的水平或斜线位置,以在失去平衡时让摆动腿着地,避免跌倒。他们能做出的单脚跳动作范围很小,几乎是垂直向上跳,水平移动距离有限。这种垂直运动有助于将支撑腿直接置于身体下方,保持平衡。由于单脚跳需要支撑腿推动身体向上和向前,年幼的练习者如果仅依靠腿部力量而没有手臂动作,可能无法完成单脚跳。小学阶段的练习者通常通过手臂的上下摆动来帮助身体腾空,但在此过程中容易失去平衡。三岁以下的儿童很少能完成单脚跳跃的初级动作或连续单脚跳。非优势腿的单脚跳技能发展通常落后于优势腿。3～5岁儿童的单脚跳很少能达到高级水平。学龄前和小学低年级是锻炼和发展儿童单脚跳跃技能的关键时期。

(一)单脚跳动作的整体发展序列

根据整体发展序列法,学习单脚跳有四个发展阶段(如图8-9所示)。前两个阶段中,身体大部分处于垂直状态。在第一阶段,儿童将非支撑腿的大腿置于身体前与地面平行的位置,膝盖弯曲,双臂靠近肩部跳离地面。第二阶段中,他们将非支撑腿的大腿移至与地面成斜线的位置,使脚落在身体下方或稍微滞后于支撑腿,此阶段也常可见练习者手臂的动作。进入第三、第四阶段的练习者展示出更成熟的动作技能。他们具有更好的平衡能力、更强的腿部力量,以及对动作时机的精准把握。有经验的练习者将非支撑腿摆直,脚置于身体后,帮助身体在跳跃时前倾,手臂也开始与运动方向一致地工作。到了第四阶段,儿童在单脚跳时非支撑腿前后摆动,与前两个阶段相比,他们能跳得更远;支撑腿在起跳时完全伸展,落地时弯曲以缓冲。

第一阶段

第二阶段

第三阶段

第四阶段

图 8-9　单脚跳动作整体发展序列各阶段线性轨迹

（二）单脚跳动作的部分发展序列

根据部分发展序列法，可以利用腿部动作的三个发展阶段和手臂动作的四个发展阶段来分析单脚跳的动作模式（如表 8-18 所示）。

表 8-18　单脚跳动作的部分发展序列

各部分动作	发展序列及特征
腿部动作	L1：摆动腿在体前或体侧短暂腾空，身体如被上提而非弹射。 L2：摆动腿没有积极下落，膝和踝小幅度伸展，并稍微前倾帮助身体做"前倒"动作。 L3：弹射起跳，摆动腿协助但仍然位于身体前方。 L4：摆动腿积极摆动，支撑腿完全伸展。
手臂动作	A1：两侧不动，手臂基本处于高位但几乎没有动作。 A2：两侧开始摆动，手臂上摆保持平衡。 A3：两侧辅助，手臂上下摆动。 A4：半相向，摆动腿动作方向稍微与手臂动作方向相反。 A5：相向用力，手臂动作方向与摆动腿和支撑腿动作方向相反以帮助作用力的产生。

单脚跳是一项较为费力的活动,要求同一侧下肢在起跳时提供动力,在着地时进行缓冲,并在下一次起跳时施加更大的力量。当大多数儿童开始学习单脚跳时,他们的跑步技能已经进入第二阶段。而且,当他们掌握单脚跳的第一阶段技能时,已经练习双脚跳跃至少6个月。这种高能量消耗的技能不仅有助于儿童发展力量、协调性、平衡能力和节奏感,而且在儿童能够进行连续单脚跳时,还能有效锻炼他们的心肺功能和耐力。

五、连续前滑跳步和侧滑步动作的发展序列

连续前滑跳步和侧滑步技能密切相关,它们都要求有节奏地进行,一脚腾空并落向接近另一只脚的地方,且通常使用不对称或不均匀的步法。连续前滑步是儿童接触的首个不对称运动技能,主要涉及向前移动,而侧滑步则涉及向身体两侧的移动。儿童通常在两岁左右开始发展连续前滑跳步技能,跑步是发展连续前滑跳步技能的前提。体育教师经常利用连续前滑跳步来发展学生的腿部力量和协调性,并采用多种形式的滑步练习来增进心肺功能。一些学生在练习民间舞蹈时,需要运用连续前滑跳步和滑步来完成特定舞步。

连续前滑跳步是一项要求非均匀模式的动作技能,其步幅比普通前跨步要长。擅长连续前滑跳步的儿童在独自练习时能够保持流畅且有节奏的动作模式。他们还能按照既定的节奏或节拍移动,具备足够的腿部力量,能够用单脚推动身体向前上方运动。从他们能够任意选择一条腿作为动作中的前腿来看,表明他们是双脚使用者。熟练的连续前滑跳步练习者的动作特征包括动作流畅,有节奏感;明确区分前后腿;后腿着地落在前腿旁边或稍微后于前腿;脚贴近地面;腾空时,膝部稍微弯曲;左右腿都能作为引导腿。

几个关键因素导致缺乏经验的练习者难以掌握连续前滑跳步技能。他们未能展现出使用左腿或右腿作为引导腿的能力,通常只能将非优势腿置后,而使用优势腿作为引导腿。初学者难以保持动作的连贯性,因此也就无法实现流畅和节奏感。在尝试连续前滑步时,他们往往会不自觉地将动作转变为跑的形式。由于经验不足,练习者需要将注意力集中在动作模式上,这常常导致落地或迈步过重,出现与正确动作无关的力量使用。

根据整体发展序列法,儿童在发展连续滑步技能时最常出现三个阶段(如图8-10所示)。

第一阶段

第二阶段

第三阶段

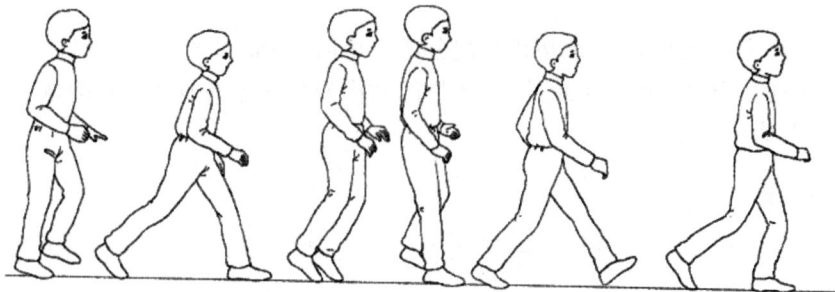

图8-10 连续前滑跳动作整体序列各阶段线性轨迹

在起始阶段,儿童的连续前滑步表现出类似跑步的模式。观察初学者进行连续前滑步时,可以注意到他们的脚步落地声沉重。在腾空阶段,他们的腿部动作类似于跑步,即后腿在腾空时超过前腿,膝关节高抬弯曲。

随着动作技能水平的提升,儿童进入第二阶段,此时他们已能更清晰地区分前后腿的位置。然而,儿童在执行动作时,后腿往往显得僵硬,容易出现髋部向身体侧面倾斜的倾向。这种僵硬使得第二阶段的动作相比第一阶段更为缓慢和夸张。在前两个阶段,垂直方向的动作占主导,这意味着儿童主要将作用力施加到向下蹬地的动作上,身体有显著的上提动作,而非向前移动。他们的胳膊也会做出夸张的摆动,以增加向上的动力。

进入第三阶段的熟练儿童可以轻松地完成流畅且有节奏的连续前滑步动作。在腾空阶段,当髋部向前移动时,脚保持在离地面较近的高度。达到这一水平的儿童能够轻松改变滑步方向,并能结合双手和双臂进行拍手等动作。当儿童的双腿动作都发展到第三阶段时,前滑跳步技能就能有效地应用于竞技项目、舞蹈以及为提高心率而设计的活动中。

六、连续垫跳步动作的发展序列

连续垫跳步是一种有节奏的两步式技能,连续垫跳步是两个动作序列的结合,要求先用一只脚进行一次单脚跳步,再用另一只脚进行一次单脚跳步。连续垫跳步是位移动作技能中最复杂的一项,因为它需要在重心转移到另一条腿前,用同一条腿执行两种技巧。连续垫跳步是最后发展的一项位移动作技能,一般来说,当儿童达到单脚跳的第三阶段时,连续垫跳步就开始出现了。此时,他们已经有了足够的动态平衡感和腿部的力量,以及用两只脚进行单脚跳的足够的经验来完成跳跃。熟练的连续垫跳步者具有一些观察者能够评估的共同特性:有节奏的重心转移和能轻松保持这种模式的能力;有限的垂直运动;有限地使用上肢进行发力;用脚趾进行起跳和落地。

不熟练的跳跃者的连续垫跳步方法会看上去很不连贯。他们必须要注意力非常集中才能够顺序完成同一只脚的单脚跳跃然后再用另一只脚进行重复动作。实际上,第一次尝试连续垫跳步的人经常只在身体的一边呈现出这种模式。连续垫跳步的初学者也会用过大的力量,因此,他们在学习这项技能的过程中非常容易疲倦。在学习连续垫跳步的最早阶段,手臂并没有对跳跃的完成有很大贡献。

（一）连续垫跳步的整体发展序列

根据整体发展序列法，连续垫跳步被分成三个阶段（如图 8-11 所示）。总的来说，儿童的连续垫跳步由最开始的生疏的、不连贯的动作如尝试夸张地将上肢抬高，逐渐演变为轻松的、有节奏的动作。

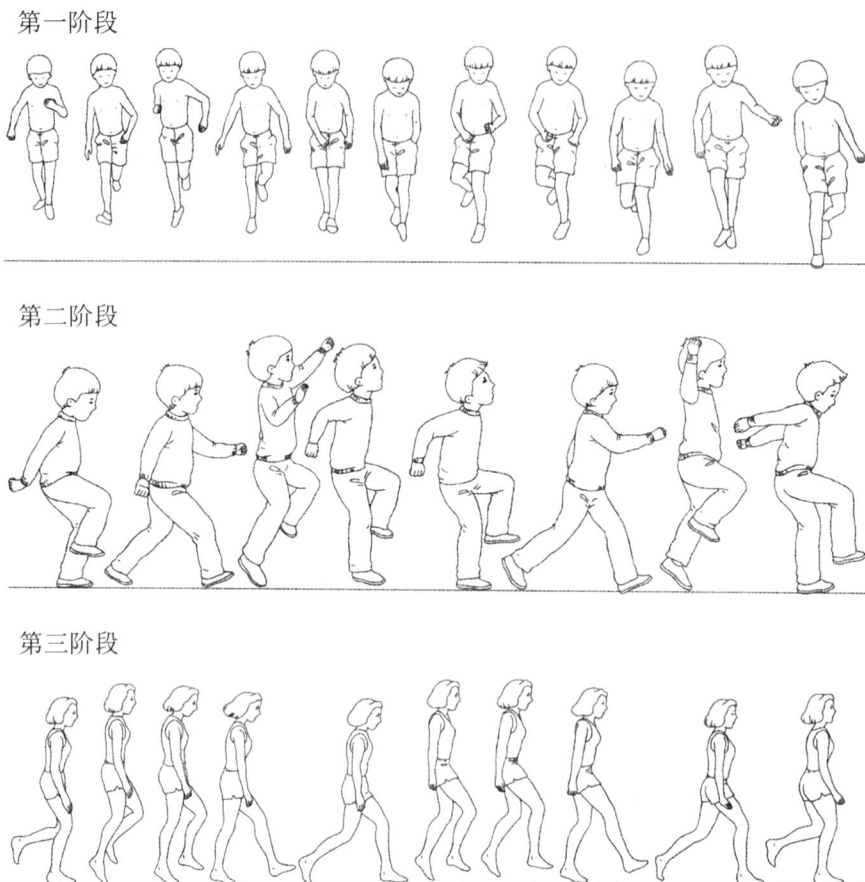

第一阶段

第二阶段

第三阶段

图 8-11　连续垫跳步动作整体发展序列各阶段线性轨迹

在第一阶段，初学者未能完成标准的踏步—单脚跳动作，并表现出三种常见模式之一：①一个不完整的连续垫跳步模式，导致沉重的踏步和缓慢的单脚跳；②在尝试技能时，每侧进行两次单脚跳；③身体一侧呈现真正的连续垫跳步模式，而另一侧只用一只脚进行单独踏步。在这个阶段，上臂很少用于协助发力。

进入第二阶段，较为熟练的连续垫跳步者能够完成并维持踏步—单脚跳模式，但往往会跳得过高。他们的上臂在起跳时过分上举，并在离地阶段无目的地舞动。此阶段的儿童也经常抬高膝部。

到了第三阶段，连续垫跳步者通过减少上跳幅度来提高技能。在单脚跳时，脚与地面的距离很近，手臂动作相比上一阶段有显著减少，且手臂常进行与腿部相反方向的摆动。

第三阶段的连续垫跳步表现出轻松和节奏感,儿童能够轻松维持这种交替模式。

(二)连续垫跳步的部分发展序列

根据部分发展序列法,连续垫跳步的腿部和手臂动作的发展序列如表 8-19 所示。

表 8-19　连续垫跳步动作的部分发展序列

各部分动作	发展序列及特征
腿部动作	L1:只用一只脚完成跳跃,另一只脚只向前迈步。 L2:交替进行踏步——单脚跳,整个脚掌着地。 L3:交替进行踏步——单脚跳,用前脚掌着地。
手臂动作	A1:双臂一起协助,双臂同步抬起和落下,帮助进行单脚跳的身体上升。 A2:半相向运动,开始双臂一起抬起,然后演变成半相对运动。 A3:完争相向运动,双臂相反于非支撑腿运动。

研究连续垫跳步技能的发展是 5～6 岁儿童的主要关注点。在此之前,应重视单脚跳和有节奏的连续前滑步,以便儿童能够学会完成连续垫跳步所需的动作模式、平衡感、节奏感和力度控制。连续垫跳步对儿童来说是一项有趣的心肺锻炼活动。

第九章 幼儿园体育教育活动概述

第一节 幼儿园体育教育活动的目标

随着《健康中国 2030 规划纲要》的发布和《体育发展"十三五"规划》的实施，社会对健康的关注再次升温，人们也更加意识到体育与健康之间密不可分的联系。体育作为素质教育中不可或缺的一部分，在基础教育和高等教育领域都取得了显著的突破性进展。然而，在学龄前的幼儿阶段，体育与健康课程的开设尚不普遍。本书根据学前儿童体育教育的特点及相关文件要求和指引，梳理了幼儿园体育教育活动的总目标和分目标，其中分目标在纵向上包括运动能力目标、健康行为目标和体育品德目标三个维度；在横向上，分目标分为一级目标、二级目标和三级目标。在此基础上，本目标体系根据幼儿的身心发展特点和动作发展规律，将 3～6 岁幼儿分为 3～4 岁、4～5 岁、5～6 岁三个阶段，并为每个阶段提出了详细的学习要求。

一、幼儿园体育教育活动的总目标

幼儿园体育教育活动的总目标是通过体育活动，幼儿能够发展动作技能，掌握运动技巧，全面锻炼身体，具备基本的动作技能并发展良好的体能，培养一定的运动能力。通过全情投入运动，幼儿将体验成功的喜悦，激发对运动的兴趣，乐于参与运动，自觉维护个人健康，并塑造基本的身体保健行为。同时，幼儿也将培养开朗的个性，形成良好的心理健康行为，获得简单的安全知识，建立基本的安全生活习惯。从身体、心理和生活三个层面，幼儿将形成基本的健康行为。通过与同伴一起参与运动，幼儿将逐渐培养良好的规则意识和角色意识，初步建立敢于挑战、乐于冒险的生活态度。在面对困难时，幼儿将展现出坚强的意志，并具有团结协作的体育品德。

二、幼儿园体育教育活动的分目标

幼儿园体育教育活动的分目标主要从我国儿童成长过程中应重点培养和发展的运动能力、健康行为和体育品德三个方面进行设计。

（一）运动能力目标与学习要求

表 9-1 为幼儿园体育教育活动的运动能力目标体系，并根据目标提出了 3～4 岁、4～5 岁、5～6 岁三个阶段幼儿的具体学习要求。

表 9-1 运动能力目标与学习要求

一级目标	二级目标	三级目标	年龄阶段	学习要求
运动能力	动作技能	移动性动作技能 掌握踮脚走、快速跑和左右方向连续滑步的基本技术并通过一段距离；初步掌握单脚跳的基本技术，左、右脚以稳定的速度通过一段距离；能进行走、跑、跳的自由转换。	3～4岁	①初步掌握踮脚走、双脚跳、快速跑的基本技术。 ②能以稳定的速度进行踮脚走、双脚跳、快速跑，并通过一定距离，如快速跑过 10 米。 ③初步建立滑步意识。
			4～5岁	①掌握踮脚走、双脚跳、快速跑等动作的较为完整的基本技术。 ②能以稳定的速度在不同方向上进行踮脚走、双脚跳、快速跑，并通过一定距离，如以平稳的速度双脚向左连续跳 4 次。 ③初步掌握滑步的基本技术并侧向通过一段距离。
			5～6岁	①初步掌握单脚跳的基本技能，左、右脚以稳定的速度通过一定距离。 ②掌握滑步的基本技术，向左、右方向连续移动。 ③能够进行走、跑、跳的自由转换。
		非移动性动作技能 协调、连贯地完成连续纵跳动作；围绕垂直轴做原地旋转动作；完成一定幅度、多关节参与的屈伸与扭转动作。	3～4岁	①初步掌握纵跳技能并能基本完成原地纵跳。 ②能够完成多于一个支撑点的站立式平衡动作，如双脚提踵站立。 ③能够完成较少关节参与的屈伸与扭转动作，如体前屈等。
			4～5岁	①掌握较为完整的纵跳技能并能熟练完成原地纵跳动作。 ②能够完成一个支撑点的站立式平衡动作，如单脚站立一段时间。 ③能够完成多关节参与的屈伸与扭转动作，如地面的团身动作等。
			5～6岁	①能够完成连续纵跳且身体协调、动作连贯。 ②能够完成围绕垂直轴的原地旋转动作，如原地转圈等。 ③能够完成多关节参与的屈伸与扭转动作且具有一定的幅度。
		操控性动作技能 基本控制物体向目标位置移动；准确接住运动中的物体；完成对物体的投、拍、接、踢等动作。	3～4岁	①基本能够完成对物体的投、拍、接、踢动作，具有初步的操控能力。 ②基本能够控制物体向目标位置移动。 ③能够有意识地接运动中的物体。
			4～5岁	①能够较为准确地完成对物体的投、拍、接、踢动作，具有一定的操控能力。 ②能够较准确地控制物体向目标位置移动 ③基本能够接住运动中的物体。

一级目标	二级目标	三级目标	年龄阶段	学习要求
运动能力	动作技能		5～6岁	①能在行进中完成对物体的投、拍、接、踢动作,具有很好的操控能力。 ②能在行进中基本控制物体向目标位置移动。 ③能够较准确地接住运动中的物体。
	体能	力量与耐力 具备很好的移物、悬垂、投掷、攀爬技术,完成较长距离的行走。	3～4岁	①具有基本的移物、悬垂与投掷的技术和力量。 ②具有基本的攀爬能力。 ③能完成一～段对体力有要求的行走中途可适当停歇。
			4～5岁	①具有较强的移物、悬垂与投掷的技术和力量。 ②具有较强的攀爬能力。 ③能够进行较长一段对体力有要求的行走,中途可适当停歇。
			5～6岁	①具有更强的移物、悬垂与投掷的技术和力量。 ②具有更强的攀爬能力。 ③能完成更长一段对体力有要求的行走,中途可适当停歇。
		平衡能力 平稳地在非固定和有一定间隔的较窄物体上走一段距离。	3～4岁	能够沿固定直线或在较窄的低矮物体上走一段距离。
			4～5岁	能在较窄且较离的物体上平稳地走一段距离。
			5～6岁	能在非固定和有一定间隔的物体上较为平稳地走一段距离。
		动作协调性与灵敏性 完成短距离的折返跑和躲闪,越过一定高度障碍物进行连续走、跑、地面爬、攀爬; 伴随音乐模仿教师做简单的律动动作。	3～4岁	①能够进行短距离的折返跑,比如10米折返跑。 ②能够绕过各种障碍物连续走、跑。 ③能够进行各种形式的地面爬行且能钻过低矮障碍物。
			4～5岁	①能够进行短距离的躲闪。 ②能够攀爬较低的障碍物,如50厘米左右高度的充气柱、海绵正方体等。 ③能够伴随音乐较顺利地模仿教师做简单的律动动作。
			5～6岁	①能够进行短距离的快速躲闪。 ②能够攀爬一定高度的障碍物,如攀爬网、肋木等。 ③能够伴随音乐较准确地模仿教师做简单的律动动作。
		柔韧性 肩、髋、躯干表现出很好的柔软度,掌握基本的柔韧练习方法。	3～4岁	①肩、髋以及身体躯干具备基本的柔韧性。 ②能够根据教师的示范做出相应动作。
			4～5岁	①肩、髋以及身体躯干具有较好的柔软度。 ②能够主动进行柔韧动作练习。
			5～6岁	①肩、髋以及身体躯干具有很好的柔软度。 ②掌握柔韧练习的基本方法,主动进行柔韧练习。

（二）健康行为目标与学习要求

表9-2为幼儿园体育教育活动的运动能力目标体系,并根据目标提出了3～4岁、4～

5岁、5～6岁三个阶段幼儿的具体学习要求。

表9-2 健康行为目标与学习要求

一级目标	二级目标	三级目标	年龄阶段	学习要求
健康行为	身体保健行为	健康认知及健康生活习惯 知道自己的身体健康状况，掌握饮食、睡眠、卫生等方面的基本健康常识；养成基本的健康生活习惯。	3～4岁	①知道一些不舒服的身体感觉，如肚子痛。 ②知道一些饮食的基本健康常识，如多吃蔬菜可以补充维生素。 ③养成一些饮食、如厕的基本健康生活习惯，如饭前便后要洗手。
			4～5岁	①了解自己的身体基本状况，如身高、体重。 ②知道一些饮食、睡眠的基本健康常识，如就餐时不嬉笑。 ③养成一些饮食、睡眠的基本健康生活习惯，如早睡早起。
			5～6岁	①知道自己的身体健康状况，如是否生病。 ②掌握更多的饮食、睡眠、卫生的基本健康常识。 ③养成更多的饮食、睡眠、卫生的基本健康生活习惯。
		健康锻炼行为 知道身体不适时参加锻炼的注意事项；根据自身条件合理选择健身器材，知道与饮食、卫生、睡眠相关的健康锻炼行为。	3～4岁	①知道对锻炼时的身体感觉作出基本反应，如口渴就喝水等。 ②知道一些简单健身器材的正确使用方法，如滑梯等。 ③知道与卫生相关的健康锻炼行为，如玩沙子时不能揉眼睛。
			4～5岁	①知道根据锻炼时的身体疲劳程度作出反应，如大汗淋漓时需休息等。 ②知道有一定难度的健身器材的正确玩法，如秋千等。 ③知道与饮食、卫生相关的健康锻炼行为，如饭前饭后不能剧烈运动等。
			5～6岁	①知道身体不适时参加锻炼的注意事项，如身体不适时应当减少运动时间等。 ②知道选择适合自己的健身器材，如合理的高度、难度等。 ③知道与饮食、卫生、睡眠相关的健康锻炼行为，如睡前不能剧烈运动等。
	心理健康行为	情绪调控行为 初步体会他人的情绪懂得合理表达和调控自己的情绪。	3～4岁	①认识并表达自己的情绪状况和感受，如开心、不开心、生气。 ②知道游戏中要保持情绪稳定，如不大喊大叫。 ③初步知道调控情绪，如在成人安抚下平静情绪。
			4～5岁	①认识并表达自己的情绪状况和感受，如害羞、紧张等。 ②愿意把自己的情绪告诉别人，如紧张时告诉教师等。 ③具有一定的调控情绪的能力，如在成人提醒下平静情绪等。

一级目标	二级目标	三级目标	年龄阶段	学习要求
健康行为	心理健康行为		5～6岁	①初步体验他人的情绪,如我这样做开心,其他小朋友开心吗。②知道调控自己的情绪,如知道造成不良情绪的原因,并努力缓解。③知道表达情绪的方式,能够及时转换情绪,如不乱发脾气等。
		亲社会行为 能较多地给予他人关爱与分享,主动帮助他人;在成人指导下表现出同理心,并做出安慰行为;具有一定的公德意识。	3～4岁	①在成人指导下,表现出一定的助人行为和分享行为,如在成人的简单的语言提示后,两人能共享玩具等。②在成人指导下,表现出一定的同理心,并做出安慰行为,如简单的肢体安慰,具有一定的公德意识,如保持安静等。
			4～5岁	①能够关爱他人,如在同伴身体不适时能够给予关心。②表现出一定的助人行为和分享行为,给予行动帮助和多人共享玩具等。③在成人指导下能够表现出一定的安慰行为和公德行为,如给予语言安慰和游戏后主动整理器材等。
			5～6岁	①能主动关爱他人,如当同伴在游戏中跌倒时能够主动扶起同伴等。②表现出一定的助人行为和分享行为,如主动帮助别人和分享玩具等。③表现出一定的安慰行为和公德行为,给予行动鼓励和保持公共卫生等。
	安全行为	运动安全行为 知道在集体运动中注意躲闪,防止冲撞;懂得运动时的服装要求;知道简单的运动损伤处理方法。	3～岁	①在成人指导下,知道场地器材的一些安全隐患,如注意柱子、墙角。②知道运动中进行基本的自我保护,如要屈膝落地缓冲。
			4～5岁	①知道更多场地器材的安全隐患,如玻璃、镜子。②知道运动中更多的自我保护方法,如运动前热身。③知道正确使用器材,如不用器材来打闹。④知道运动不适时的正确处理方式,如肚子痛要休息或向他人求助。
			5～6岁	①知道集体运动中的秩序,如不拥挤、不冲撞。②知道运动时的服装要求,如不携带尖锐物体。③知道一些简单的运动损伤处理方式,如关节扭伤后要用冷水冲或冰敷。
		生活安全行为 知道基本的交通、生活安全常识;懂得在紧急情况下的基本自救方法。	3～4岁	①了解最基本的交通安全常识,如红灯停、绿灯行等。②知道对陌生环境和人保持一定的警惕性,如不接受陌生人的食物等。③知道一些危险物品并主动回避,如菜刀、热水壶等。④知道在一些紧急情况下的处理方式,如走丢后寻求警察帮助等。
			4～5岁	①了解较多的生活安全常识,如不要把身子探出窗户。②知道一些必备的求助信息,如家庭住址、报警电话。③知道较多紧急情况下的处理方式,如地震时往空旷处逃生等。
			5～6岁	①了解更多的生命安全常识,如不靠近不知深浅的水源。②知道更多紧急情况下的自救方式,如火灾时能拨打119火警电话,并捂住口鼻保持下蹲姿势尝试离开火场。

（三）体育品德目标与学习要求

表 9-3 为幼儿园体育教育活动的运动能力目标体系，并根据目标提出了 3～4 岁、4～5 岁、5～6 岁三个阶段幼儿的具体学习要求。

表 9-3　体育品德目标与学习要求

一级目标	二级目标	三级目标	年龄阶段	学习要求
体育品德	规则意识	遵守规则和秩序 能与他人协商制定游戏、家庭以及公共场所中的游戏规则并主动遵守。	3～4 岁	①在成人提醒下，知道遵守游戏规则，如安静等待轮到自己等。 ②在成人提醒下，知道遵守家庭中的规则，如玩具要整理好等。 ③在成人提醒下，知道遵守公共场所的规则，如不大喊大叫等。
			4～5 岁	①遵守游戏中的基本规则，如对输赢的判定等。 ②遵守家庭中的基本规则，如看电视的时间等。 ③遵守公共场所的基本规则，如不插队等。
			5～6 岁	①协商制定游戏中的基本规则，如制定游戏玩法等。 ②协商制定家庭中的基本规则，如制定学习计划等。 ③主动了解公共场所的规则并能做出正确行动，如节约粮食、水电等。
		遵守纪律 能主动维护教室以及幼儿园的基本纪律。	3～4 岁	①在教师提醒下，遵守教室里的纪律，如听从教师指令等。 ②在教师提醒下，遵守幼儿园的纪律，如准时到校等。
			4～5 岁	①自觉遵守教室里的纪律，如保持安静等。 ②自觉遵守幼儿园的纪律，如不破坏花草等。
			5～6 岁	①主动维护教室里的纪律，如纠正错误行为等。 ②主动维护幼儿园的纪律，如纠正错误行为等。
	意志品质	坚持到底 能完成具有一定困难的任务并坚持到底。	3～4 岁	在成人帮助下，坚持完成有一定难度的任务，如穿长长的珠子、过比较长的独木桥等。
			4～5 岁	在成人鼓励下，能独立完成有一定难度的任务，如通过一定高度和距离的平衡木等。
			5～6 岁	能够完成具有一定难度的任务并坚持到底，如攀爬具有一定高度和距离的攀爬网等。
	团队精神	协同合作 具有一定的团队协作精神。	3～4 岁	初步认识协同与合作，知道什么是协同与合作。
			4～5 岁	具有初步的协同合作精神，懂得如何在游戏中与同伴协作，如成功组队并完成简单的集体任务等。
			5～6 岁	具有一定的团队协作精神，能与同伴互相配合、互相分工，共同面对困难并完成游戏任务，如组队并完成较为复杂的集体任务等。

一级 目标	二级 目标	三级目标	年龄 阶段	学习要求
体育品德	团队精神	团结一致 形成一定的包容精神。	3～4岁	初步理解"团结""齐心"的含义,知道什么是团结一致。
			4～5岁	初步具备团结一致的精神,如与同伴配合,尝试尊重同伴的意见,共同完成游戏任务。
			5～6岁	形成一定的团结一致的精神,主动尊重和包容同伴,共同完成游戏任务,如尊重他人的不同意见,并努力与他人达成一致。

第二节　幼儿园体育教育活动的内容

一、幼儿园体育活动开展的主要形式

幼儿园体育活动的开展从形式来分,主要包括户外自主性体育活动、室内体育活动、早操活动、集体体育教学活动、户外远足活动及运动会等方面。

户外自主性体育活动指幼儿借助于幼儿园的户外环境、材料、同伴以及教师提供的内容生成的体育活动。此活动方式更多满足了幼儿自主的需求,更多建立在幼儿已有经验的基础之上展开,是日常性体育活动形式之一。具体来说,户外自主性体育活动包括户外区域体育活动、以班级为单位的定点户外体育活动、平行年龄段混合的自主性户外体育活动、混龄户外体育活动、以班级为单位的循环式户外体育活动、全开放式户外体育等。

室内体育活动指幼儿借助于楼层的过道、楼层与楼层之间形成的空间、楼梯及室内环境等进行的体育活动。此类体育活动既有组织性、集体性开展的内容,也有自主性的内容。更多是因天气、气候的局限,或内容本身的需要而进行的组织方式。

早操活动是以体操为主要内容的综合性的体育活动形式,主要表现出以教师教学为基础的自主性练习,以较为规范的形式为引导,有一定目的性要求,而进行的日常性体育活动方式。

集体体育教学活动是以教师为主导,有目的、有组织,在幼儿能力基础之上促进幼儿发展的体育活动形式,强调在活动中教师能依据幼儿的需求及发展方向,有目的地提高幼儿某种能力的活动,与幼儿其他形式的体育活动间存在着密切的关系。

户外远足活动是教师带领幼儿进行集体性的较长距离的行走,使幼儿的各项活动与自然环境相融合,从而开阔幼儿的视野,丰富教育的内涵,同时以促进幼儿户外的组织纪律性、提高幼儿心肺功能目的的组织方式。

运动会是一种综合性的体育活动方式,是对幼儿综合能力的直接反映。组织形式多种多样,既有以趣味为导向的体育活动形式,也有以亲子活动为导向的体育活动形式,更

多表现为以幼儿园体育课程为基础的体育活动形式。

二、幼儿园体育活动开展的具体内容

幼儿体育的主要任务是培养幼儿的基本动作能力和身体素质,以促进幼儿的正常生长发育,并持续提升幼儿的体质。同时,考虑到幼儿的年龄特点、身心发展水平和社会性发展需求,幼儿园体育活动内容应体现多样性。一方面,要不断完善幼儿的基本动作,并扩展和学习基本动作技能。另一方面,要结合社会性要求,形成具有一定社会性的体育活动内容,包括队列队形活动、体操活动、竞技性体育项目以及拓展性体育项目的运用等。所有体育活动的开展都应强调以游戏为基础平台,让幼儿在愉悦的情绪中进行有效的身体锻炼。此外,应利用多样化的材料和创造多元环境,以支持幼儿自主性体育活动的开展,鼓励幼儿在自主探索和互动中提高运动技能和社交能力。

(一)基本动作和基本动作技能

基本动作是幼儿自我形成的动作经验,也是所有运动能力发展的基础,包括走路、跑步、跳跃、投掷、攀登、钻爬等大肌肉活动,通过不断练习基本动作,不仅可以促进动作技能的成熟,还能增强幼儿的体质。由于基本动作的成熟主要在学前期,幼儿体育教育往往通过这些基本动作练习来锻幼儿炼身体。

基本动作技能是在基本动作能力基础上形成的,它们以多样化的身体表现形成新的动作模式,更多地体现了有效身体练习的价值。基本动作技能需要通过学习和不断练习才能内化为个体的动作能力。这些技能既有简单的,也有复杂的,是更高专项技能动作发展的基础。它们主要有三个目标取向:一是在基本动作的基础上形成变化,创造新的动作,如高抬腿走步,可以发展大腿力量;二是将若干基本动作有效组合,如开并腿跳跃,强调双腿间的协调能力;三是基本动作的精细化,如掷准动作,要求更协调的手眼配合。

3~6岁是幼儿基本动作发展的关键期,动作的协调性和准确性为未来的生活、学习和运动能力打下基础,也反映幼儿发育的各项指标。身体素质和体质的发展很大程度上依赖于基本动作的练习。因此,在幼儿园中有意识地培养幼儿的基本动作和基本动作技能非常重要。

(二)队列队形活动

队列队形活动是集体体育活动中不可或缺的组织形式。它不仅是幼儿练习正确身体姿势的平台,也是有效开展集体体育活动的重要手段,对于培养幼儿的集体意识、方位感、节奏感、本体感和协同性等方面都具有重要作用。

(三)结合各种器材的体育活动

在幼儿园中,体育器材相当于幼儿的体育玩具,是激发幼儿运动兴趣、形成各种运动能力的重要媒介。每种体育器材都有其独特的运动价值,幼儿在活动中不仅锻炼身体,还能提高对材料本身的认知。

（四）基本体操

基本体操是一种简便、易于普及的动作内容，有助于促进幼儿身体机能的协调发展，是日常体育活动的重要组成部分，具有多元的发展价值。

（五）基础专项运动技能

基础专项运动技能是基于各种竞技体育和群众体育项目，旨在培养专项动作能力。例如足球、篮球、排球、曲棍球、高尔夫球、门球、轮滑、中华武术、体育舞蹈、艺术体操、跆拳道、跳绳等。这些项目涵盖的各种单项技能，更注重动作的科学性和有效性。许多专项技能是基本动作及其技能的综合运用。根据幼儿的年龄特点，这些项目在幼儿园的应用主要结合幼儿生长发育的需求，动作技能的学习、练习与应用更注重基础性和幼儿化特征。

（六）拓展性体育活动

拓展性体育活动的主要任务是锻炼幼儿的心理承受能力，即心理负荷。这类活动旨在帮助幼儿在体育运动中培养较强的心理素质，是塑造幼儿勇敢、坚定意志品质的重要途径。

（七）体育游戏

体育游戏的形式丰富多彩，能够满足幼儿追求快乐的需求，并在幼儿园体育活动中扮演重要角色。综合上述活动形式，幼儿园中可以以游戏的形式开展活动，由此在幼儿园体育活动中形成了九种主要体育游戏形式。

（1）感知运动游戏。旨在发展幼儿的多种感知觉，如听觉、视觉、触觉等。

（2）基本动作游戏。旨在培养幼儿的基本动作及动作技能。

（3）基本身体素质游戏。目的是促进幼儿的体能发展，包括力量、耐力、平衡能力、灵敏性、柔韧性、速度和协调能力等。

（4）运动器材游戏。

①按器材大小分类：大型器材游戏和轻器材游戏。

②按器材功能分类：单一功能器材游戏和多功能器材游戏。

③按器材复合性分类：单一器材游戏和多种器材组合游戏。

④按器材可变性分类：不可变形器材游戏和可变形器材游戏。

⑤按器材成品性分类：自制器材游戏和成品器材游戏。

⑥按器材属性分类：体育专属性器材游戏和非体育专属性器材游戏。

（5）身体技巧性游戏。包括身体技巧、下肢技巧、手指、手腕、手臂和全身技巧运动，以大脑神经发展为主导。

（6）民间传统体育游戏及民族体育游戏。以传承民族文化为特点，具有强烈的文化属性。

（7）队列队形游戏。基于队列队形规范要求，以幼儿可接受的趣味性为基础，旨在培养幼儿的集体规范性。

（8）专项运动技能活动游戏。基于某种运动技能，结合幼儿的趣味性，使幼儿在游戏中获得对运动技能的理解和基本能力。

（9）综合运动能力发展游戏。结合各种运动内容，形成综合性的运动能力发展游戏方式。

三、幼儿园体育活动开展的基本元素

在幼儿园体育活动的开展中，涉及以下几种基本元素：幼儿、材料、同伴、环境、教师等。对这些元素进行细致分析，有助于更好地理解幼儿园体育活动类型，并有针对性地安排体育活动。

（一）幼儿

幼儿园内不同年龄段的幼儿在体能、运动能力、兴趣、认知和社交技能等方面存在明显差异。因此，针对不同年龄段的幼儿，教师在体育活动的内容、组织方式、目标设定和评价方法等方面需要区别对待。

1. 小班幼儿

小班幼儿的体育活动通常以情节为主，采用模仿性动作，通过平行练习和跟随的组织方法，完成基本动作和技能的发展。

2. 中班幼儿

中班幼儿的体育活动可以借助情节，强调动作与认知的结合，并适当增加竞赛性组织方式，逐步扩展专项技能的综合练习。

3. 大班幼儿

大班幼儿的体育活动可选择性地采用情节，鼓励幼儿创造性地使用材料和与伙伴互动，增加规则性游戏，促进幼儿间的合作。

（二）材料

幼儿园体育活动中材料的使用非常频繁，种类繁多。在户外自主性体育活动中，幼儿倾向于选择熟悉的单一材料或成品材料，大型材料占较大比例。基本体操活动中多使用轻器械，包括成品材料和教师自制材料。在有组织的集体体育活动中，教师根据目标的不同，使用材料更加多元化。

（三）伙伴

伙伴是集体体育活动中的重要组成部分，在幼儿园集体体育活动中，伙伴之间主要存在着以下三种结合方式。

1. 两人或三人间体育活动类型

（1）相互协同，共同合作完成某一内容，如两人三足。

（2）互为辅助，互为"材料"，共同完成某一内容，如"穿山洞"——一个充当山洞，一个钻过。

（3）以某一幼儿为主，跟随式完成某一内容，如游戏"你是我的影子"。

（4）相互对抗共同完成某一内容，如猜拳跨步。

2. 大集体及小群体组合体育活动类型

（1）幼儿个体独立完成相同内容的活动，相互不影响，可形成个体之间的相互模仿，多在小班中进行。

（2）幼儿以单组、个体相互轮换的方式共同完成相同内容的活动，没有角色的分配，相互之间形成联合的关系，多在中班进行。

（3）幼儿小组合作，为达成统一目的相互协商，共同完成某一体育活动。

3. 混龄组合体育活动类型

（1）集体混龄：两个不同年龄班，围绕同一体育主题，以相对独立的方式共同操作。

（2）定配混龄：不同年龄段的两名幼儿相互结合成相对稳定的关系，在体育活动中，"以大带小"进行活动。

（3）择优混龄：同定配混龄，区别在于选择较大年龄段中社会性发展较好的幼儿来促成"以大带小"。

（四）环境

幼儿园环境是促进幼儿参与体育活动的关键因素之一，通常分为固定性环境和创造性环境两大类。

固定性环境指的是幼儿园现有的建筑结构、户外场地及设施。这些设施为体育活动提供了场地，如：利用楼梯攀登来锻炼幼儿的下肢力量和耐力；使用楼道进行迷宫式行走练习；利用室内空间进行寻物、取物和物品归类练习；利用楼层间的距离进行提拉和传接物品的练习。户外环境提供了更多样化的体育活动机会，例如，利用小山坡进行滚翻练习；利用大型体育设备进行综合技能练习；利用过道进行平衡车或车轮类练习。

创造性环境则是指在教师的引导下，幼儿使用园内各种器材创造性地组合成新的运动环境。例如，幼儿可以使用轮胎堆积并用垫子和竹梯覆盖，创造出人工小山来进行练习。创造性环境主要采用低结构性材料，既可以由教师设计安排，也可以是师生共同创造的结果，甚至可以由幼儿自主设计。其核心目的是利用环境变化激发幼儿不同的动作表现，服务于身体活动的多样化需求。

（五）教师

教师在幼儿园体育活动中扮演多种角色，包括研究者、策划者、设计者、管理者、组织者、引导者等，同时也与幼儿平行互动，如合作者、参与者，有时也扮演跟从者、学习者等角色。

第三节　幼儿园体育教育活动的组织类型

一、晨间锻炼和早操活动

晨间锻炼和早操活动是幼儿园一日生活的开端,也是幼儿在教师组织引导下进行的专门性身体锻炼。我国幼儿园通常将这段时间分为两个相对独立的部分,第一部分是入园后至早操前的自由体育游戏或分组小型器械练习,第二部分是早操,包括正规的集体做操、教师组织的体育游戏或韵律活动。

(一) 价值和意义

1. 增强体质

晨间锻炼和早操多在户外进行,让幼儿享受新鲜空气和阳光。在寒冷季节,户外运动能提高幼儿对低温的适应力,降低呼吸道疾病发病率。体育游戏和器械练习,以及慢跑、队列练习和深呼吸活动,全面锻炼身心,早操和韵律活动对提高灵敏性、协调性、节奏感和动作健美有独特作用。

2. 锻炼意志

夏热冬冷和运动中的压力有助于形成良好意志品质。坚持锻炼有助于培养积极乐观态度、良好生活习惯和对体育运动的爱好,这些品质和体质的增强将使幼儿终身受益。

3. 培养纪律性

集体走步、跑步、队形队列练习和基本体操练习是培养纪律性的良好机会。这些活动让幼儿学会服从集体,与他人共同游戏、舞蹈,学习交往、合作和分享,培养集体归属感和亲社会人格倾向。

4. 振奋精神

晨练和早操有效消除睡眠后的抑制状态,调整肌体到适宜的兴奋状态,使幼儿精力充沛、精神饱满、情绪愉快地开始一日生活。

(二) 内容和组织

1. 内容

晨练活动一般包含集体的体育游戏活动,集体的慢跑或走、跑交替锻炼活动,自由或分组的中、小型器械锻炼活动。

早操活动一般可以划分为队形队列练习和操前律动,集体的基本体操练习,操后律动和队形队列活动。

2. 组织

幼儿园的晨练活动和早操活动通常在教师的组织和指导下按班级进行。然而,由于不同幼儿园提供的课程存在差异,教师在组织这些活动时的工作方式也会有所不同。

日托幼儿园的晨练活动通常在幼儿基本到齐后开始。教师会组织幼儿到指定场地进行集体游戏活动,这些活动的运动量一般不会太大。一旦幼儿的情绪和身体状态适宜,年龄较大班级的教师会安排幼儿进行场地和器械的布置,随后进行分组或自由选择的器械活动。活动结束后,幼儿将参与场地和器械的整理,并自然过渡到早操活动。

全托幼儿园的晨练活动在幼儿起床并整理个人卫生后开始,主要包括伸展、深呼吸运动,以及集体慢跑或走、跑交替活动。早饭前,有时也会开展一些运动量适中的游戏活动。早饭后,幼儿会先进行教室整理或安静活动,等待日托幼儿到齐后,再一起进行中、小型器械锻炼和早操活动。

在特别强调体育教学的幼儿园,特别是配备有专职体育教师的幼儿园,无论是否为全托,通常会在中小型器械锻炼前安排深呼吸运动和集体慢跑或走跑交替活动。在器械练习环节,专职体育教师会指导幼儿进行专门的身体素质练习或器械技能练习。

(三) 指导建议

1. 晨练活动

①晨练活动一般可持续 30~40 分钟,根据幼儿的年龄、气候条件、幼儿园课程特点适当调整。

②全托幼儿园起床后至早餐前的锻炼时间应短,运动量不宜过大,以免造成肌肉、关节或韧带损伤。空腹剧烈运动可能导致血糖降低,引发头晕恶心等不良反应,且可能影响早餐食欲和消化吸收。早餐后,全托幼儿园和提供早餐的幼儿园应稍作休息,再进行轻量级户外锻炼,避免立刻剧烈运动引起不适。

③场地器材的布置整理应在教师指导下由幼儿完成,教师指导程度根据幼儿年龄不同而有所差异。

④教师应组织幼儿参与锻炼中使用的小型器械设计和制作,培养幼儿的创造性思维、动手能力和对材料工具的敏感性。

⑤教师应培养幼儿的自主自律能力,随着年龄的增长,给予幼儿更多自主选择的机会,指导幼儿为自己安排锻炼计划。

2. 早操活动

①早操活动应呈现从中强到强,再逐渐到弱的强度变化,适应幼儿早操前后的身心状态。在早操前,幼儿已经在比较自由的体育活动中达到了适度的身心兴奋水平;在早操中,集中统一锻炼可以达到更高兴奋水平;在早操后,一般会进行集体智力活动,通过适当

的放松环节,使肌体和精神下降到适宜智力活动的兴奋水平。

②早操活动通常伴随音乐进行,音乐质量对活动效果和幼儿健康、审美能力发展至关重要。应选择符合体育活动要求且审美价值丰富的音乐,注意音响清晰度和音量适中。

③操节编排应避免过度柔美,注意锻炼压力,加强早操的实际锻炼效果。

④教师应根据季节和气候调整早操运动量,寒冷季节增加运动量,如多做刚健的大幅度的动作,加快做操的速度,提高做操的力度,将同一套操连续做两遍等;炎热季节减少运动量,如做舒缓的动作,放慢做操的速度,减弱做操的力度等。

⑤教师可为本园本班创编操前操后韵律活动,吸引中、大班幼儿参与,鼓励幼儿提供音乐,创编韵律动作,甚至自行设计班级韵律活动。

二、户外体育活动

(一)价值和意义

幼儿参与户外体育活动,不仅能享有更广阔的活动空间,还能沐浴阳光、呼吸新鲜空气,对幼儿的骨骼发育、呼吸系统和神经系统的健康发展极为有益。此外,户外活动还能满足幼儿对多样化环境、多样化活动以及身心动静交替的需求。在户外,幼儿能够进行更为自主和自由的体育活动,这有助于补充早操、体育课等较为固定体育活动形式的局限性,更有效地满足不同幼儿的个性化发展需求。同时,通过自由选择活动,幼儿不仅能学习如何做出选择,还能在自主活动中增强自主性和自律意识。

(二)内容和组织

1. 内容

(1)利用环境和大型设施的锻炼活动

城镇幼儿园可以利用楼梯、操场、沙池、游泳池、游戏城堡、假山或人造树墙迷宫等进行体育锻炼活动;农村幼儿园则可以利用周边的田埂、土坡、水沟、树林等自然资源开展体育活动。

(2)利用大、中、小型专业体育器械的锻炼活动

大型器械活动包括利用攀登架、攀岩墙等开展的活动;中型器械活动包括利用如拳击袋、平衡木等开展的活动;小型器械活动包括利用各种球类、毽子、皮筋、跳绳、沙袋等开展的活动。

(3)利用各种替代性器械或自制器械的锻炼活动

可以使用桌子、板凳、梯子、轮胎、包装纸箱等常见物品作为替代器械或自制小器械,如用废弃饮料罐制作的拉力器、高跷等进行锻炼活动。

(4)各种体育游戏

体育游戏包括教师传授的游戏、幼儿相互传授的游戏,甚至包括幼儿自己即兴"发明"的游戏。

2. 组织

（1）时间安排

在大部分幼儿园中，为幼儿安排的其他户外体育活动时间通常在上午 9：30～10：30 之间，以及午睡起床后或离园前。各幼儿园各班级可根据具体情况，将活动时间分为 2 次、3 次或更多次，确保幼儿每天的户外体育活动总时间大约在 1～2 小时。

（2）场地利用

由于大多数幼儿园特别是城市幼儿园的户外场地有限，因此通常会根据年龄班级甚至班级交叉使用场地，以充分利用空间。场地的共享方式可以根据不同年龄、不同班级的月度、周度或当日活动的一般或特殊计划来统筹安排。例如：全体幼儿可以按照年龄、班级或小组，在事先划分好的活动范围内进行活动；全体幼儿可以自由选择不同的锻炼项目，在按项目划分的活动区内进行锻炼，并在各个项目区之间自由流动或根据约定自觉流动；全体幼儿可以选择不会影响他人也不受他人影响的空间，进行统一的身体练习，如拍球、跳绳、踢毽子、跳皮筋等。

（三）指导建议

1. 个性化选择

应充分考虑每个幼儿的不同兴趣、爱好和能力水平，为幼儿提供自主选择运动项目、器材、锻炼伙伴、场地调整以及解决问题和纠纷的机会。同时，教师应根据幼儿发展的实际问题及时进行引导或指导。例如，对于不愿积极参与锻炼的幼儿，给予激励或具体指导；对于过度兴奋或运动量过大的幼儿，给予适当的疏导或调整。

2. 安全保障

教师应高度重视安全隐患，随时对幼儿进行安全监察和指导。例如，在投掷和快速移动活动中，应与静止活动隔离；教育幼儿不要将器械对准同伴挥舞或投掷，尤其在击活动靶游戏时，避免投掷物击中同伴的脸部；在移动项目中，避免在静止活动区穿插移动。在攀登架或滑梯等大型组合器械周围，特别注意监控幼儿的行为，防止莽撞行为和不安全动作，如倒爬滑梯和从高处跳下。在沙池和水池活动中，应制止幼儿用沙或水泼洒他人眼睛，或在水池内推搡同伴、将同伴头部浸入水中。教师间应分工合作，班主任和有经验的老教师应注意提醒新教师警惕安全隐患，防范安全事故。

3. 创新激发

及时引入新的锻炼方式以激发幼儿的学习和锻炼热情，并鼓励幼儿分享从园外学到的新运动或自己发明的新运动方式。

4. 社交互动

可定期安排跨班级、跨年级的活动，以增进不同群体间幼儿的交往，促进社交技能的发展。

三、室内体育活动

室内体育活动是在教室或专门的体育活动室内进行的体育活动。目前,一些有条件的幼儿园已经开始增设设施,如专门的体育馆、室内游泳池、舞蹈或体操房、室内攀岩墙、室内海洋球池、室内旱冰场或球场以及"感觉统合器械治疗"专用教室等。

(一) 价值和意义

室内体育活动的安排考虑到特殊气候条件、运动项目的特殊要求或器械维护的需要。在阴雨和极端寒冷或炎热的季节,具备室内锻炼条件的幼儿园能够保障幼儿持续进行体育活动。室内环境的优势在于地面通常为地板或铺有地毯,便于进行各种户外不便进行的动作,同时音乐或对话也更容易听见,这有助于满足创造性身体表现活动的需要。

(二) 内容和指导建议

室内体育活动内容包括室内器械活动,如充气城堡游戏、跳床游戏、垫上运动及各种球类运动;以及创造性身体表现活动,如体操、舞蹈、戏剧表演、身体探索活动等。

室内体育活动的指导建议如下:

①要求幼儿穿袜子、赤足(以锻炼足底)或穿指定的鞋子参加活动。

②根据场地大小合理安排幼儿人数,避免拥挤。

③利用专门设备播放音乐,提供纱巾、纸带、藤圈或能发出柔和音响的小型打击乐器等,以引发和丰富幼儿的创造性活动。

④可以播放故事录音或录像,激发幼儿的活动兴趣。

⑤要求幼儿保持适当音量,不干扰他人活动。

⑥指导幼儿自行布置和整理场地器材,培养自主能力。

四、午后锻炼活动

午后锻炼活动指午睡起床后在寝室内进行的锻炼活动。午后锻炼活动有助于将幼儿的身体调整到适宜的兴奋状态和良好的工作状态,使他们精力充沛、精神饱满、情绪愉快地开始下午的活动。

午后锻炼活动主要包括起床后的自我服务劳动和午练体操(部分操节),通常伴随儿歌或音乐进行。儿歌内容通常与自我服务的程序和技能要求相关。

午后锻炼活动中,对低龄幼儿的指导应尽可能细致,对有特别困难的幼儿应给予特别帮助,而对年长幼儿则应逐步培养其独立性。让幼儿轮流领操,鼓励他们对自己的劳动提出新的要求,引导和指导幼儿提供新的音乐和参与创编新的操节。

五、其他形式的体育活动

(一) 运动会

幼儿园运动会的内容包括体育表演、体育竞赛和体育娱乐三种类型的活动。这些活动不仅包括幼儿参与的项目,也包括教师、家长和社区有关人员的参与。幼儿园运动会意义在于:首先,提高了幼儿参与体育锻炼的兴趣,并检验他们体育学习与锻炼的效果;其次,运动会为不同班级和同龄班级的幼儿提供了相互交往和交流的机会,增强了团队精神;最后,它促进了日常体育工作的开展,并向家长提供了了解子女发展和幼儿园教育情况的机会。

由于幼儿园运动会参与人员众多,涉及的管理、服务工作复杂,因此组织指导工作也相当繁重。除了遵循一般运动会的组织程序外,组织指导幼儿园运动会还特别需要注意以下要点:

①平时就要做好准备,避免临时突击。

②确保面向全体,让每个人都能参与。

③强调团结合作,主要以集体和合作项目进行比赛。

④鼓励坚持到底,不容许中途放弃。

⑤重视参与和娱乐的重要性。

⑥注意运动卫生和运动安全。

⑦确保医务人员和后勤保障人员做好防范意外的准备。

⑧预先通知家长和其他成人参与人员,让他们了解如何配合教师、支持幼儿活动的重要信息。

⑨通常安排在春季或秋季,或者与春季、秋季的节日(如"六一"儿童节、"十一"国庆节)结合起来。

(二) 三浴锻炼

尽管三浴锻炼目前尚未广泛开展,但它对提高幼儿身体素质和培养积极的个性品质具有重要作用。三浴锻炼主要包括日光浴、风浴(或空气浴)和水浴。这些活动通常在一个时段内连续进行,例如:先进行热身体操,然后是日光浴和风浴,再次进行热身体操,最后进行温水或冷水浴。

三浴锻炼应在气候和气温适宜的条件下进行。进行日光浴时,应为幼儿配备遮阳眼镜。体质较弱的幼儿应逐步适应,健康幼儿也应从适宜的气温和水温开始锻炼。三浴锻炼要注意以下几点:

①让幼儿和家长了解三浴锻炼的意义,并在家长自愿的基础上参与。

②根据当地季节特点和幼儿园的实际情况,制定并适时调整锻炼计划。

③医务人员和后勤保障人员应监测气温、水温、水质,并确保器械设备的卫生安全。

④锻炼应循序渐进,避免过度。

⑤培养幼儿的安全意识,建立安全行为规范,预防事故发生。

(三) 远足

远足活动让幼儿走出幼儿园,迈向更广阔的自然环境,这不仅能增强体质、锻炼意志,还能培养纪律性,开阔视野,丰富幼儿的心智和经验。城镇幼儿园可以安排春游、秋游,参观附近的社会服务设施,如公园、植物园、儿童乐园等。农村幼儿园则可以根据地理条件和资源,因地制宜地设计远足活动,主要强调让幼儿体验徒步行走一段路程。

远足活动的指导建议如下:

①根据幼儿的实际情况,制定合适的远足计划,并循序渐进地增加难度。

②对幼儿进行安全教育,强调外出时的纪律和行为规范。

③结合沿途的自然景观和文化特色,进行随机教育,丰富幼儿的知识。

④对体弱的幼儿给予特别的鼓励和帮助,确保他们也能享受远足的乐趣。

⑤做好安全防范措施,长途远足必须携带应急药品,并在必要时有医务人员随行。

(四) 劳动

劳动锻炼与体育锻炼的主要区别在于,除了锻炼身体,劳动还能让幼儿从劳动成果中获得满足感。在劳动中,幼儿不仅能得到体力锻炼,学习相关知识技能,还能体验团队合作,培养责任感,增强完成任务的意识和克服困难的勇气。最重要的是,通过享受劳动成果,幼儿能认识到过程和结果都具有重要意义。

幼儿园的劳动内容包括自我服务劳动、班级值日生劳动、种植养殖劳动、厨房劳动,以及其他教学或生活活动中衍生的劳动等。例如,参与集体活动、游戏区活动、节庆活动、家长开放日、运动会的场地布置和收拾;在远足或参观游览活动中捡拾垃圾、树叶或参与收获;自我穿衣脱衣、铺床叠被、擦拭桌椅、摆放碗筷、冲洗茶杯、搓洗毛巾;在教师指导下洗水果、制作点心、调制饮料;在种植园地拔草、松土、捉虫;为园内饲养的动物加工饲料;甚至在幼儿园停水时,组织大班幼儿参与运水。

幼儿园开展劳动活动的指导建议如下:

①重视劳动安全,杜绝安全隐患,加强劳动安全教育,教会幼儿正确使用劳动工具,避免使用工具时的嬉闹态度,确保人身安全。

②根据幼儿的年龄和能力发展水平,循序渐进地进行劳动技能指导,严格督促幼儿达到要求,避免养成马虎、不负责任的态度。在幼儿园阶段,劳动教育应更注重培养积极态度,引导幼儿感受参与劳动和享受劳动成果的快乐。

(五) 集体舞蹈

集体舞蹈常被喻为"儿童步入社会生活之门"。它不仅培养交往意识和团队精神,还发展随音乐运动身体的能力、审美意识,以及空间认识和调控能力。快乐的舞蹈对养成活泼快乐的个性和积极向上的生活态度具有重要意义。

集体舞蹈是多人共同参与的舞蹈活动。幼儿园集体舞蹈的组织方式大致分为三种:

①经典式集体舞蹈:队形和动作基本固定,主要发展幼儿的空间智能、人际智能、音乐智能和人际交往智能。特点体现在空间变化和创造与不同伙伴交往的机会。

②创造性集体舞蹈:队形和基本动作相对稳定,旨在培养幼儿的创造或即兴创造意识和能力。教师会在舞蹈中留出空间,让幼儿提出创意或进行即兴变化。

③自娱性集体舞蹈:自由聚集跳舞,队形和动作由教师或儿童即兴提出并变化。关键在于享受共同舞蹈和自由运动的快乐。通过"自告奋勇"的方式,培养幼儿积极参与和勇于提出建设性意见的态度。

幼儿园组织集体舞蹈活动的指导建议如下：

①鼓励幼儿积极参与和享受活动过程，不过分强调技能或动作的"优美、协调"。

②鼓励幼儿交往，让幼儿体验恶化同伴在活动中交往的乐趣。

③学习新舞蹈时合理安排空间，避免造成学习困难和秩序混乱。

④可在节日或家长开放日组织集体舞蹈交流活动，如与来宾共舞或班级间的舞蹈联谊和观摩学习活动。

（六）集体体育教学活动

集体体育教学活动指由教师专门组织的、集中学习并锻炼特定技能或素质的活动，通常每周安排两次。集体体育教学活动在内容和组织方式上，相对于其他体育活动，对幼儿的限制性较大。因此，这类活动对幼儿逐步培养适应限制的意识和能力具有重要作用。然而，幼儿园的集体体育教学活动仍需紧密结合幼儿的身心发展特点。与小学体育课相比，幼儿园体育活动更加自由，游戏性质更为明显。

第十章 幼儿园体育教育活动设计与组织

第一节　幼儿园体育教育活动教学的原则和规律

一、幼儿园体育教育活动教学的原则

在组织幼儿园体育活动时,应以幼儿发展为本,全面培养幼儿身体机能,通过适量身体练习,确保幼儿掌握基本体育技能,达到体育教学目标。

(一)全面性原则

开展幼儿园体育活动应遵循全面性原则,确保活动面向全体幼儿,充分考虑幼儿的年龄特征,设置符合身心发展需求的活动内容,保持适度的练习密度和活动量,避免练习密度和活动量不足或过大。练习密度不足或活动量过小将导致幼儿身体各区域得不到有效锻炼;练习密度过高或活动量过大,可能对幼儿身体造成负担,影响健康甚至影响发育。因此,在安排体育活动时,应充分考虑全体幼儿的身心状况,实现幼儿身心全面发展。

(二)直观性原则

直观性原则强调利用幼儿的视觉、听觉、触觉等多种感官和经验,通过丰富形式,增强幼儿的感性认识,帮助幼儿掌握动作技能,明确动作要领,并发展观察能力和思维能力。贯彻此原则应注意以下四点。
(1)综合运用各种感觉器官;
(2)教师示范要完整准确;
(3)教师讲解要生动形象;
(4)结合生动直观与抽象思维和实践练习。

（三）兴趣性原则

兴趣性原则要求在教授幼儿知识、技能、游戏时，内容、形式和方法要适合幼儿，激发他们的兴趣，提高学习效率。

（四）循序渐进原则

循序渐进原则要求教学内容、方法和运动负荷安排应由易到难、由简到繁、由已知到未知，逐步深化，不断提高。贯彻这一原则应该注意以下三个方面的问题。

（1）教学内容和方法安排由易到难、由简到繁；

（2）教学内容要有系统性；

（3）每次教学要抓住重点，贯彻少而精的原则。

（五）多样性原则

幼儿体育活动的组织形式应多样化、丰富多彩，以弥补单一形式的不足，提高幼儿参与体育活动的积极性，丰富幼儿生活。常见的活动形式包括早操、体育课、户外体育活动，以及室内体育活动、体育游艺、运动会、短途旅游和远足等。各种组织形式都有局限性和价值，关键在于相互补充和配合，全面实现幼儿体育活动任务，促进幼儿身心和谐发展。

（六）身体全面协调发展原则

身体全面协调发展原则要求体育教学中使幼儿身体各部位、各器官系统、各种身体素质和基本活动能力得到锻炼和发展。制订体育教学计划时，应保证教材和活动内容互相搭配，全面锻炼幼儿身体。

二、幼儿园体育教育活动教学的规律

（一）动作形成规律

1. 粗略掌握阶段

在这一阶段，幼儿对动作有了初步印象，大脑皮层的兴奋过程广泛扩散，内抑制不足，导致动作表现中肌肉紧张、不协调、不准确，并伴有多余动作。幼儿主要依靠视觉表象来控制和调节动作。

2. 改善提高阶段

经过反复练习、观察示范和听教师讲解，幼儿开始初步形成动作概念。大脑皮层的兴奋和抑制过程逐渐集中，内抑制加强，特别是分化抑制得到发展。动力定型已初步建立，但尚不巩固。肌肉感觉发展，控制能力加强，视觉控制不再是主要作用。动作表现更轻松、协调、准确，多余动作减少，但动作熟练度和稳定性仍需提高。在复杂条件下，动作可能变形，不经常复习可能会遗忘。

3. 巩固和运用自如阶段

在这一阶段,动作概念已明确,大脑皮层兴奋和抑制过程更加集中,动力定型牢固建立,主要依靠肌肉感觉来调节控制。动作表现协调、准确、熟练、省力,并能自如运用。

为了使幼儿所学动作技能达到运用自如阶段,通过挑战和让幼儿感受进步,激发幼儿反复、主动练习的积极性至关重要。

(二)人体机能适应性规律

人体参与运动时,会消耗体内物质能量,促进异化作用,导致疲劳和身体机能暂时下降。同时,这一过程也激发恢复过程,加强同化作用,引发超量恢复,从而提升人体机能。这是人体通过运动促进新陈代谢、提高机能能力的过程,也是产生适应性效果的过程,具有阶段性特点。

(1)工作阶段:参与运动时,身体物质能量被消耗,恢复过程也在进行,但消耗过程占优势,表现为身体机能能力逐渐下降。

(2)相对恢复阶段:运动后,身体机能指标恢复到运动前水平。

(3)超量恢复阶段:通过合理休息,物质和能量储备超过运动前水平,提升身体工作能力。

(4)复原阶段:如果间隔时间过长,身体工作能力恢复到运动前水平。

研究表明,工作阶段消耗过小或过大,超量恢复效果不佳;练习间隔时间过长或过短,也影响恢复效果和工作能力提升。因此,应根据个体体质、年龄、练习内容等因素,合理确定运动负荷量和练习间隔时间,以获得更好的锻炼效果。

(三)人体生理机能能力变化规律

人体在运动过程中,生理机能能力是不断变化的,并且遵循一定的规律。一般而言,能力先是逐步上升,然后在一定时间内保持最高水平,最终逐渐下降。这一过程可分为上升、平稳和下降三个阶段,体现了一个客观存在的生理规律。

1. 上升阶段

上升阶段包含两个过程。首先,在没有体育活动之前,当人们知道或想到即将开始体育活动时,身体各器官就会产生变化,例如心跳和呼吸加深加快,精神振奋,部分人血液中的葡萄糖含量增加。这些变化中,有些是积极的,能够加速身体器官克服惰性,使活动能力迅速提升,以适应即将开始的体育运动;而有些变化则是消极的,如情绪厌烦、全身无力、动作迟钝等。教师应根据这一规律,引导幼儿在运动开始前产生积极反应。例如,平时要妥善安排和组织每次集体体育活动和户外体育游戏,使幼儿对体育活动充满期待;活动前要努力激发幼儿的活动兴趣。

其次,通过身体活动,克服各器官的惰性,提高幼儿活动能力,使之较快地达到较高水平。例如,进行准备活动,一方面是为了适应活动开始时身体活动能力尚低的状态;另一方面是为了加速进入第二阶段的适应过程,使身体活动能力迅速上升。由于个人体质、年龄、训练水平的差异,这一过程的持续时间也会有所不同。幼儿的身体器官惰性较小,容易动员,活动能力上升较快,因此准备活动时间应较短,运动负荷的增加也应较快。

2. 平稳阶段

在这一阶段,各器官的活动能力已达到较高水平,并能维持一段时间,此时身体活动效率高,学习动作的效果良好,能够适应激烈的体育活动。这个阶段的持续时间与运动负荷、个人体质、训练水平、年龄、心理状态等因素有关。幼儿的持续时间通常比成人短,情绪愉快时疲劳出现较晚。为了适应这一规律和幼儿的特点,可以将难度较大、运动强度较高的练习安排在这一阶段,练习时间应少于小学儿童,练习内容和方法应多样化且富有趣味性,以激发幼儿的积极情绪。

3. 下降阶段

经过一段时间的体育活动和一定数量的练习后,由于体内能量物质的大量消耗和恢复不足,会出现身体疲劳,活动能力下降。此时,应及时结束活动,但在激烈活动后不能立即停止,而应进行一些放松活动,使激烈运转的身体逐渐平缓下来。这个缓冲阶段非常重要,因为突然停止不仅不利于疲劳的消除和能量物质的恢复,而且可能对身体造成伤害。

"上升—平稳—下降"是人体在体育活动中各器官活动能力变化的客观规律。体育教学应遵循这一规律,合理安排,因势利导,以充分发挥体能,提高体育教学的效果。

第二节 幼儿园体育教育活动的设计

体育活动在学前儿童体育教学中扮演着重要角色。幼儿园从小班下学期开始,一直到中班和大班,每周都应安排一次体育活动。具体时间安排如下:小班每次活动 10~15 分钟;中班每次活动 20~25 分钟;大班每次活动 25~30 分钟。幼儿园在体育活动中不仅要侧重于传授知识和技能,还要确保达到锻炼的目的。教学过程中必须遵循人的认识规律以及动作和技能形成的规律。在进行身体锻炼时,特别要注意遵循人体生理机能活动变化的规律。幼儿园的体育活动必须与幼儿的身心发展特点相符合。既要注重教学效果,避免无计划、无要求的自由散漫活动;也要防止过度小学化或成人化的教学方式。

教学设计是根据课程标准提出的目标要求和教学对象的特点,对教学诸要素做有序安排,并确定合适的教学方案的预先设想。具体说,教学设计就是在明确了为什么教的前提下,具体解决教什么、怎么教以及怎么教得更有效的问题,是一个把抽象的教学原理转化为可操作性程序的过程。具体到体育教学设计来讲,它是一个在准确分析体育教材和学生特点的基础上,设置教学目标,确定教学内容,拟定教学策略,选择教学方法,设计教学步骤的过程。这是一个系统规划教学活动的过程,是一个应用系统方法分析体育教学系统中各要素之间的内在联系,并策划一套具体的操作程序使各要素有机结合,有序运行,以达成体育教学目标的过程。

一、活动目标设计

活动目标指通过教师教学和幼儿学习互动过程所期望达到的结果。学习内容不仅是实现课时目标的途径,也是目标实现的载体,对目标设置具有决定性影响。准确分析学习内容的价值、特点及其重难点,为设置课时目标提供依据和参考。只有深入理解活动内容的难度、健身价值和教育价值,并在此基础上科学合理地设置课时目标,这些目标才具有实现的可能性。课时目标一旦确定,对课堂教学活动的设计起到引领和定向作用,确保教学活动的设计有助于课时目标的实现。

(一) 活动目标的内容

1. 身体发展目标

(1) 促进身体形态结构和机能的发育,使无生理缺陷和慢性病幼儿的身高、体重、胸围、血红蛋白、血压、心率、视力等指标均正常,姿势良好。

(2) 全面发展基本体能,做到力量、速度、灵敏、平衡等运动素质均达到各地区规定的合格标准。走、跑、跳、投等基本运动能力均达到以下要求。

①走:步幅、步频均达到各地区制定的正常值,落地柔和,无八字脚、擦地、颠脚等缺陷。

②跑:蹬地较有力,步幅正常,落地较轻,屈臂前后自然摆动,在快跑中能较好地控制跑动方向。6岁时20米直线快跑不慢于6秒。

③跳:初步掌握双脚向不同方向跳、单脚连续跳、跨跳等基础的跳跃动作;起跳蹬地有力,蹬摆协调;落地轻柔、稳定。6岁时立定跳远不少于90厘米,单脚连续跳在15米以上。

④投:初步掌握滚、抛、推、掷、击等动作,投出时全身能协调用力,挥臂有力快速,能初步控制投掷方向。6岁时双手腹前抛球(重300克)在4.5米以上,单手投沙包(重150克)男童在5米以上,女童在4.5米以上。

(3) 培养对自然环境的适应力,对寒冷、炎热、日晒和气温的急剧变化有一定的适应能力。

(4) 促进心理健康,情绪愉快,对不良的情绪刺激有一定的耐受力,能适应幼儿园生活,与同伴和睦相处。

2. 智力素质发展目标

(1) 能掌握已学过的运动动作和游戏的名称、方法与基本要求,说出身体主要部位的名称和功能,能记住所学的运动安全知识和卫生知识。

(2) 促进感知觉发展,能识别上下、前后、高低、远近、大小、先后、快慢、横竖、平直、宽窄,发展自身运动的速度、力度、节奏、体位和幅度的知觉能力。

(3) 发展观察意识和观察能力,能在成人引导下,根据活动目的,正确地选择观察对象、观察部位和观察位置,观察时有一定的顺序性,在观察过程中能有意识地去分析和判断。

(4) 发展注意能力,在活动中能较好地集中注意,一般不受无关因素的干扰而分散注意力,能初步按照活动要求及时转移注意力。

（5）发展直觉思维、操作性思维和形象思维,发展思维灵活性、敏捷性和创造性,在活动中爱思考,能主动想办法做好动作和游戏。

（6）发展想象力、联想力、迁移能力和移情心理。

（7）发展模仿能力。

（8）发展创新能力,做到喜欢尝试新的运动,能主动变化运动动作、活动策略和玩法。

3. 道德素质发展目标

（1）培养责任感,能认真完成活动任务与要求。

（2）能主动遵守活动常规,认真遵守规则。

（3）尊敬教师,服从教师的指导。

（4）尊重同伴,能注意听取同伴的意见,尊重同伴的愿望;能关心和帮助同伴,有谦让精神,不争运动器械、游戏角色和活动的先后;能与同伴合作,友好相处,有一定的处理纠纷的能力。

（5）热心服务。

（6）培养友好竞争精神。做到:喜爱比赛,关心胜负,有意愿提高自己的运动能力;自己胜利时不骄傲,别人胜利时能主动去祝贺,别人失败时不讥笑并能主动去鼓励。

（7）培养坚强的意志。做到活动中遇到困难能努力克服,出现失误或失败不泄气,不退缩,不埋怨别人。

（8）爱护玩具和运动器械,能注意维护运动场所和周围环境的卫生,保持卫生整洁。

4. 审美素质发展目标

（1）能初步识别身体姿势的美与不美,在教师帮助下养成健美的姿态。

（2）培养审美感受力和审美情感,能初步感受动作美,力量、灵敏、速度、平衡等运动素质美,运动的节奏美,并且有发展上述美的愿望。

5. 个性心理素质发展目标

（1）具体地了解自己的身高、体重等形态指标和跑、跳、投等基本运动能力的发展指标并有较强的发展它们的愿望。

（2）培养体育兴趣和习惯,做到爱做操,爱做游戏,爱和同伴一起参加体育活动。

（3）发展自信心、自尊心和自立性。相信自己的能力,喜欢并勇于说出自己的愿望和意见,不迎合别人,乐于表现自己的才能;受到歧视、侮辱和伤害时,敢用正当的方法去反抗;在活动中自己能做的事自己去做,不依赖别人。

（4）发展自我认识、自我评价和自我调控意识与能力。做到知道自己主要运动能力,能注意对自己基本运动能力和体育行为进行评价,对自己在体育活动中的行为能有一定的评价和自控能力。

（5）发展行动的目的性和计划性。在活动中能先想想做什么,怎么做,然后再去做,少一些行动的冲动性、盲目性和无序性。

（二）活动目标的明确

1. 分析幼儿现状

分析幼儿现状是设置目标、选择内容、设计教法等的基本依据。一般应从幼儿的体育素养现状（如体能、技能发展水平等）、心理发展特点等方面着手。

2. 分析活动价值

教师应充分挖掘体育活动的健身和教育价值，通过身体运动促进幼儿的全面健康发展。一般可从健身性和教育性两个方面对活动价值进行分析。不同活动的教育价值是存在差异性的，如体操教学中特殊的保护帮助手段对培养幼儿协作互助精神有良好作用；耐力跑对培养吃苦耐劳精神和坚毅的意志品质效果良好。

3. 分析活动特点

不同的活动内容具有不同的特点。从主导运动能力的角度看，活动内容具有体能性或技能性的特点；从动作属于人为创编还是与生活相联系的角度看，活动内容具有创编性或生活性的特点；从运动项目的竞技特征看，活动内容具有对抗性或表现性的特点；从动作的难度特征来看，活动内容具有一学就会和多学才会的特征等。除此之外，从学习掌握技能的途径这一角度看，有些技能具有自主习得性特征，即幼儿随着年龄增长和生活经验积累便可自主形成动作技能；有些技能具有模仿习得性特征，即该类动作是创编的，模仿跟做是学习这类动作的主要途径，如体操、武术里面的许多动作，主要依靠模仿学习。

4. 分析活动重难点

教学活动的重点决定了教师的教学着眼点和着力点。运动技能活动的重点通常是关键技术环节或动作要领。教师需要准确把握重点，设计有效的学练方法，并合理安排教学步骤和辅导纠错。活动的难点可能因学习对象和学习阶段的不同而变化，教师应在教学中观察、适应，并根据具体情况确定活动难点。

（三）活动目标的设置

在具体教学活动中，体育活动目标通常包括以下几个方面。

1. 知识与技能

目标应具体明确，体现条件、行为和标准等要素，确保目标具有可观测性和可评价性。

2. 体能

目标应体现教师对幼儿体能素质和运动能力发展的具体预期，与活动特有的锻炼价值保持一致，表述要具体准确。

3. 情意

目标通常涵盖情感调控、意志品质、合作精神和竞争意识等方面。

4. 体育道德

反映对幼儿体育精神的培养预期，与学科德育密切相关，目标应与学习内容的教育价值相一致，避免主观臆断。

目标设置应面向全体幼儿，应是大多数幼儿通过学练活动能够达到的结果。在对幼儿运动技能水平比较了解的情况下，可对不同水平的幼儿提出有所区别的技能方面的目标要求。

在目标的具体表述上，可以用幼儿发展指标的形式表述，直接明确地展现体育目标的实质，展现幼儿体育素质的发展方向。如"记住……学会……初步掌握……"同时要求包括行为内容和掌握程度。如"培养运动创新能力，做到喜欢尝试新的运动，能主动变化运动及活动策略和玩法"。此外，文字上力求准确生动、通俗易懂，便于教师全面具体地掌握全部目标内容，增加全面目标意识、

二、活动流程设计

（一）活动流程的设计原则

1. 循序渐进原则

活动中的各项内容应根据难易程度、复杂性和强度大小，遵循由易到难、由简到繁、由小到大的顺序。这有助于学习活动循序渐进，逐步深入，运动强度也应由小到大，渐次增强。

2. 承上启下原则

各个练习的顺序要符合逻辑关系，练习间的衔接应自然、紧密，避免时间和空间上的间隙。上一个练习的结束应尽可能成为下一个练习的开始，以节省调队和组织教学的时间，提高练习密度。

3. 形式简洁原则

练习内容的形式应简洁、实用，避免华而不实和形式主义。应充分利用现有器材，确保器材物尽其用，实现一物多用。

4. 主次有序原则

体育活动由多个练习组成，但每个练习的作用各异。应确保各种练习主次有序，合理搭配，分量适当，相辅相成，以达到最佳教学效果。

（二）活动流程的结构

体育活动的结构是指一次活动教学环节的安排以及时间分配等。根据人体生理机能

变化的客观规律,体育活动通常包括三个部分,即准备部分、基本部分和结束部分。

1. 准备部分

准备部分时间约占活动总时间的 $15\%\sim20\%$。主要目的是用较短时间将幼儿组织起来。吸引幼儿注意力,简单交代活动的内容和要求,从心理上、生理上动员幼儿,逐步提高幼儿大脑皮层兴奋性,使之情绪饱满地开始进行活动。

准备部分的主要内容包括以下内容:

(1) 常规练习:站队、集中听讲、服装整理、情绪调整。

(2) 一般性准备活动:身体各部分充分活动,提高生理机能。

(3) 专门性准备活动:针对课的基本内容编排。

导入部分的常用方法有以下方法:

(1) 语言法:语言法就是教师运用语言导入新内容,常用方法有开门见山、温故知新、提问设疑、创设情境、故事导入。

(2) 演示法:演示法就是教师运用演示的方法导入新内容,常用方法有教师示范、学生示范、展示图片、播放视频。

(3) 游戏法:游戏法就是教师通过一个小游戏导入新内容。例如在大班活动《袋鼠摘果子》中,教师可利用袋鼠头饰导入,激发幼儿的兴趣,通过向幼儿提问:"小朋友看,谁来了呀? 你们知道袋鼠是怎么走路的吗?"引出本次活动主要的游戏角色——袋鼠,并引发幼儿的活动兴趣,接下来教师分发口袋,引导幼儿钻入布袋扮成袋鼠自由跳跃,为活动的基本部分做好心理上的准备。

2. 基本部分

基本部分时间约占活动总时间的 $60\%\sim70\%$。主要目的是完成活动的教学内容、学习新知识、重点复习旧知识、掌握动作技能、提高身体素质、培养良好的品德。

教学内容安排要点包括以下要点:

(1) 新知识要安排在活动的前半部分。这时候,幼儿情绪饱满、精力充沛、注意集中;一些程度剧烈、兴奋度高的体育游戏可放在课的后半部分。这样既便于幼儿很快地掌握动作,又可达到一定的锻炼要求。

(2) 运动量逐渐加大,有节奏、练习与休息交替,控制活动的密度和运动量。每次练习后应根据幼儿的实际情况决定休息时间的长短。一般情况是:天气较冷或活动量不大时,休息时间可短一些;天气较热或活动量较大时,休息时间可长一些。

(3) 各种练习交替,避免长时间一种练习、一种身体姿势使幼儿疲劳。

3. 结束部分

结束部分时间约占活动总时间的 10%。主要目的是放松肌肉,尽快消除疲劳,使身体由运动状态逐渐恢复到相对安静状态,有组织地结束一节活动。结束部分常用的方法分为两种,一是放松身心的方法,二是总结评价的方法。

（1）身心放松

①主动放松。主动放松指教师带领幼儿做一些舒缓、轻柔，负荷较小的活动，使幼儿在活动中逐渐平静下来。如放松性的徒手操、简单的舞步、抬高肢体后放松地放下、轻松有趣的游戏、轻轻地抖动肢体、静力拉伸肌肉韧带等，都可以促使幼儿主动放松身心，是体育活动结束部分常用的放松整理方法。

②被动放松。被动放松是通过外部用力放松身体的方法。教师可把幼儿分成两人一组，令其互相按摩、拍打需要放松的部位。如互相拍打背部，互相抖动上肢等。被动放松不仅可以起到放松肌肉的作用，还具有促进加强幼儿之间交往和友谊的作用。

③意念放松。在教师暗示下引导幼儿意念放松也是一种有效放松身心的方法。教师可在轻缓音乐的背景下，让幼儿坐下或采取站立姿势，闭上眼睛，放松身体，教师用一套暗示性语言，帮助幼儿放松身心，暗示语如：我躺在阳光下的草地上，微风拂过我的身体，我全身非常放松，舒服极了，我快要睡着了……

（2）总结评价

教师归纳总结活动，对幼儿活动进行简单的表扬批评，布置相关延伸活动。

体育活动的结构不是一成不变的。各个部分的内容、顺序、时间等，应根据教学的任务、内容、幼儿的具体情况，以及气候、场地、器械等实际条件，灵活安排。体育活动的这三个部分既有区别，又相互联系。上一部分是下一部分的准备，下一部分是上一部分的自然延续。各个部分虽有自己的任务，但又互相配合，共同完成一个活动的任务。

三、活动教案设计

幼儿园体育教育活动设计中，常用的教案设计有文本式和表格式两种。以下提供具体可参考的案例。

（一）文本式案例

中班体育活动"森林历险记"

一、设计意图

《幼儿园教育指导纲要(试行)》中阐明："体育活动能促进幼儿身体的正常发育和身体能力的发展，增强体质，发展幼儿基本动作，使他们动作灵敏、协调、姿势正确。"教师要充分利用生活中最常见的材料开展各项有趣的活动，此次游戏材料选用了家中最常见的一次性纸杯进行游戏，创设游戏情境，根据故事线索和情节的发展，激发幼儿参与的积极性，并进一步提高其多种运动能力。

二、活动目标

1. 积极参与游戏"森林历险记"，体验游戏带来的乐趣。

2. 学习遵守游戏规则，养成良好的规则意识。

3. 能够利用走、跑、跳等基本动作进行游戏，掌握游戏的玩法。

三、活动准备

纸杯、坐垫、纸球、盆。

四、活动方法

1. 开始部分:热身运动(教师边示范边讲解)

师:慢慢走起来———加速走———跑起来。

师:前面有大石头———迅速跳起,又是大石头———跳。大石头———跳起。

师:哎呀———龙卷风来了,呜———原地转一圈,风很大———再原地转一圈,转转转。

师:哇,遇到山洞了———原地蹲下、起来,蹲下、起来。再来(3 次)(蹲下向前走,像鸭子一样走)。

师:大蟒蛇!———快原地趴下!(匍匐前行)好,安全了!

师:小朋友是不是有点累?让我们慢慢地走起来,深呼吸,继续前进。

师:看!天上有小鸟在飞,我们也学着飞一飞(4 次)。

师:小心!地上有一群蚂蚁在找食物,不要踩到啊(4 次)(抬高脚慢慢走)。

师:Hi!啄木鸟,你在帮大树捉害虫吗?(边向左看边招招手)大树爷爷,您好!(向右看招招手)

师:注意!前面有一根藤蔓,我们要侧身躲开它(侧身压腿)另一边还有!

2. 基本部分:游戏环节(教师介绍游戏材料,并示范讲解游戏玩法)

师:森林里很惊险啊,小勇士们太厉害!

小精灵:小勇士们,快帮帮我们,我们遇到危险了!

第一关:清理障碍物

师:森林里来了一只黑暗精灵,把好多小动物抓到了他的黑暗城堡里,小勇士,让我们一起把它们救出来吧!向着城堡出发!(原地奔跑)

师:(蹲下)看!前面有一座独木桥(榻榻米垫子或者小凳子),可是桥上堆满了石头(纸杯),要把这些石头一个一个运回盆里,小勇士要小心一些,不要让黑暗精灵发现。开始……

师:(示范)小心,不要摔倒!

师:你们真棒,让我们快速穿过独木桥

第二关:巧运毒蘑菇

师:小勇士们,快看,这一片毒蘑菇挡住了我们的去路,怎么办?不能用手清理,不然会中毒!那用什么呢?用脚试试吧?脚上穿的鞋子会保护我们的。这里需要一个盆,摆上一片毒蘑菇,你们摆好了吗?

师:(示范)我们要这样,平坐地面,双手向后撑地,双脚夹起一边的毒蘑菇运向另一边的盆里,记得双腿不要落地哦!看谁夹得多!

师:难度增加,每次清理两个毒蘑菇,让我们再来试一试。

师:终于清理完了所有的毒蘑菇,我们已经迫不及待地要去救出小动物了!快和我一起跑起来!(由慢到快)加速。

师:小心!前面有一个山洞,要这样穿过山洞。(鸭子走)咦,这是什么?一个陷阱,这里有地雷!

第三关:小心地雷

师:我们可不能碰到地雷,要小心,你们的地雷准备好了吗?

师：(示范)平坐地面，两手向后撑地，双腿平放于两个地雷的中间，跟着音乐节奏，由慢到快，依次抬腿交替越过地雷。开始……

师：(示范)躲过了两个地雷，难度增加，这里还有三个地雷，让我们再来一遍！

师：成功地躲过了所有的地雷，让我们快快穿过山洞吧！(鸭子走)(继续奔跑)我们马上就要到达城堡了，小勇士们！加油哦！

师：(慢慢由跑到走，原地踏步走)(举手观望)

师：看！这就是黑暗精灵的城堡，要想救出小动物们，就要摧毁城堡，这里有纸球做的炮弹，快去摧毁城堡大门，救出小动物吧！

第四关：摧毁城堡

师：请你也摆好你的城堡，可以用其他玩具来当炮弹。

师：站在安全线后面，用一只脚把球踢向城堡，看谁能把城堡大门全部摧毁！(第一道城门已经被攻破)

师：这里是第二道城门，它更加坚固，必须两手叉腰，双脚夹住纸球，向上用力跳起并丢出纸球，摧毁城堡最后一道大门。开始！(教师示范)

3. 结束部分

师：耶！小勇士们，你们真的太棒啦！让我们送小动物们回家吧！

放松拉伸：(教师示范)

(1) 快速抖动身体。

(2) 捏锤四肢。

(3) 全身拉伸。

(4) 调整呼吸，张开双臂拥抱美好的大自然。

结束语：

亲爱的小朋友们，今天我们成功地救出了所有的小动物，小勇士们都很勇敢！下次你们可以和爸爸妈妈或者小伙伴继续去海洋、宇宙里探险，看看在那里会遇到什么更有意思的事情吧！小朋友们，再见！

（二）表格式案例

表 10-1　中班体育活动"袋鼠摘果子"

班级：中班		课次：第＿＿次人数		任课教师：		
教学内容		双腿跳跃				
教学目标		1. 知识目标：练习两腿并拢跳过不同高度和宽度的障碍物 2. 能力目标：掌握双腿跳跃技能 3. 情感目标：形成勇敢坚强的优秀品质，体验体育游戏的乐趣				
教学重点		掌握双腿跳跃的技能				
教学难点		能双腿并拢跳过不同高度和宽度的障碍物				
教学方法		讲解法，练习法，游戏法				
课程部分	教学内容	组织教法和学法			练习	
		教师活动	学生活动	组织示意图	时间	强度
开始部分	课堂常规	1. 组织幼儿站队 2. 师生问好 3. 讲清上课规则与纪律，提醒幼儿活动时注意安全	1. 按照教师要求站队 2. 向教师问好 3. 认真倾听教师所讲注意事项	△① XXXXX XXXXX XXXXX XXXXX	1分钟	小
准备部分	热身操（各 2×8 拍）： 晃晃手（活动手指） 转转手腕（活动手腕） 摇摇手臂（活动手臂） 扭扭腰（扭腰） 扭扭脚腕（扭脚腕） 左右边压压（侧压左右腿） 前边压压（弓步压左右腿）	1. 播放音乐 师："今天天气真好啊，我们一起晒晒太阳做做操吧！" 2. 在音乐背景下带领幼儿做操	跟随音乐节奏以及教 师示范的动作做操 目的：热身，活动关节，避免受伤	△ XXXXX XXXXX XXXXX XXXXX	3分钟	中
基本部分	教学内容		教学组织			
	一、头饰导入，激发兴趣 1. 出示袋鼠头饰，引出活动主题 2. 分发口袋，幼儿自由练习袋鼠跳		一、情境导入 1. 教师创设情境，幼儿认真倾听，能够回答出教师的问题 2. 幼儿自由练习，教师实时指导		3分钟	中

注：①△代表教师，×代表学生。

基本部分	二、设置游戏情景:练习两腿并拢跳过不同高度和宽度的障碍物 师:春天来了,袋鼠妈妈要带着小袋鼠去摘果子啦。可是在路上可能会有很多的困难,有篱笆、小河,如果小袋鼠们没有本领行不行?那小袋鼠们赶快来学本领吧 1. 组织幼儿列队准备出发 2. 师幼共同观察行动路线,明确动作要求和规则 3. 第一次摘果子 4. 交流反馈,同样路线返回 5. 第二次摘果子 行动路线:小袋鼠要一个接一个地跳过高低不同的篱笆、跳过不同宽度的小河、尝试用多种方式通过草地 规则:看哪一队先到达目的地,能摘到较多的果子	二、练习两腿并拢跳过不同高度和宽度的障碍物 1. 教师介绍场地和规则 2. 幼儿练习,教师巡回指导 3. 让幼儿展示自己是怎样跳的,并积极表扬 注意:在这个过程中教师要观察幼儿活动情况,及时发现能力稍弱的幼儿,给予帮助、鼓励。幼儿全部到达目的地,将果子摘完之后,教师组织幼儿交流怎么才能更快更安全地到达目的地,然后带领幼儿按同样路线返回		9分钟	大
	三、游戏:跳山羊 1. 师幼明确游戏规则:一组幼儿扮演袋鼠,一组幼儿扮演山羊,扮演袋鼠的幼儿要跳过躺下的山羊 2. 幼儿分组、分角色游戏 3. 交换角色继续游戏 4. 教师总结肯定幼儿在游戏中的勇敢表现	三、跳山羊 		6分钟	大
结束部分	四、放松身体、活动结束 1. 放松身体:根据音乐放松全身,调整呼吸。双手举过头顶,双手合十,身体向左右各伸展一次。手叉腰,双脚开立,一腿弓步一腿伸直,双手合十举过头顶,弯曲腰部 2. 活动结束	四、放松身体、活动结束 1. 放松活动:小朋友们今天累不累啊?我们一起做一做放松运动吧 2. 课堂小结:今天小袋鼠们可勇敢了,克服了好多困难,摘了这么多的果子。可是果子还没有洗,不能吃,现在我们一起去把果子洗洗吧	四、放松身体、活动结束 1. 跟音乐(舒缓)一起做放松活动 2. 听教师总结,积极回应 △ XXXXXX XXXXXX	3分钟	中
场地器材	垫子4块、大小不同玩具跨栏12个、大小不同鞋盒12个、幼儿每人一个布袋。袋鼠头饰,水果若干	平均心率	130~135次/分钟	练习①密度	70%~75%
课后小结					

注:①练习密度指单位时间内练习的次数。

第三节　幼儿园体育教育活动的组织

一、活动前的准备

充分的活动前准备是确保体育活动顺利进行的关键。准备工作通常包括以下几个方面：

1. 了解幼儿情况

了解幼儿的体质、健康状况、动作发展和智能发展等方面。了解的方法包括个别谈话、家访，或实地观察幼儿的动作表现。

2. 学习与钻研教学参考

教师需深入学习教学参考资料，明确教材的意义、任务、特点、重点、难点和关键点。

3. 选择教学方法

在前两个步骤的基础上，结合本园活动场地和器械设备条件，选择适宜的教学方法。

4. 编写课时计划（教案）

根据教学目标和内容，详细编写教案，规划教学活动的每一环节。

5. 物质准备

教师需提前布置场地，准备所需的器材、教具和玩具，确保场地安全并符合卫生标准。同时，培养小助手以协助教学，并注意自身仪表和衣着，为幼儿树立良好榜样。此外，检查幼儿的衣着、鞋带、裤带等，确保幼儿的着装安全适宜。

二、活动中的组织

根据课时计划，教师在体育活动中的组织工作至关重要。以下是组织体育活动时应注意的几个步骤和要点。

1. 活动开始前的准备

（1）将幼儿带到活动地点。
（2）简要说明活动内容与要求。
（3）集中幼儿注意力，调动积极性。
（4）按计划排好队形。

2. 活动实施

（1）学习或复习活动内容。

（2）进行游戏或练习。

3. 活动结束前的整理

（1）根据需要进行整理活动。
（2）教师进行总结和讲评。

4. 提高教学质量的注意事项

（1）教师要发挥主导作用,体现责任心、积极性调动和教学灵活性。
（2）以幼儿活动为主,确保教学过程紧凑,安排合理,让幼儿有更多时间参与活动。
（3）及时调整练习密度和活动量,根据幼儿反应和外部条件灵活应对。
（4）对幼儿坚持严格要求,同时保持亲切感,使幼儿乐于接受指导。
（5）重视思想品德教育和性格培养,确保幼儿遵守纪律,积极参与。

5. 室外活动的特殊考虑

（1）在室外活动中,教师需要简明扼要地讲清要求,教育幼儿遵守纪律。
（2）合理分配游戏角色,确保每个幼儿都得到锻炼和教育。
（3）避免幼儿长时间等待,及时鼓励和表扬表现好的幼儿。
（4）启发幼儿发扬团结友爱、互相帮助的精神。

三、活动后的反思

活动后的反思是对教学过程进行检查和评定的重要环节,它有助于总结经验、发现问题,从而不断提高教学质量。反思方法主要分为全面分析法和专题分析法两种。

1. 全面分析法

全面分析法是对活动质量的全方位评估,围绕活动的任务和要求进行。分析时要从教师和幼儿两个角度进行。

幼儿角度:评估活动的练习密度和活动量是否适宜;幼儿动作技能是否有所提升;思想品德教育效果;活动对幼儿性格培养的促进作用;幼儿的情绪状态等。

教师角度:评估活动前的准备工作是否充分;教师主导作用的发挥;教学能力（如示范、讲解）、组织水平和教法运用的效率。

最后,综合两个角度的分析,从幼儿的进步中看成效,从教师的教学中找原因。充分肯定成绩,总结成功经验,分析失败原因,并指出未来努力的方向,以做出准确的评价。

2. 专题分析法

专题分析法专注于活动某一方面的质量分析,如练习密度、活动量、精讲多练的实施情况、思想品德教育的效果等。有时,可以结合全面分析法和专题分析法,以获得更深入的反思结果。

第十一章 学前儿童体育课程资源的开发与利用

第一节 学前儿童体育课程资源概述

学前儿童体育资源是一切能够支持和拓展学前儿童体育功能的事物的总称。广义的学前儿童体育资源指有利于实现学前儿童体育目标的各种因素,狭义的学前儿童体育资源则仅指形成体育与健康学习内容的直接来源。具体来说学前儿童体育资源是学前儿童体育活动设计、实施和评价等整个体育过程中可利用的一切人力、物力以及自然资源的总和,包括教材、教师、学生、家长以及学校、家庭和社区中所有利于实现学前儿童体育目标,促进幼儿园教师或学前儿童体育活动组织者、指导者专业成长和学生有个性的全面发展的各种资源。

一、学前儿童体育资源的特点

(一) 多样性

学前儿童体育资源涉及体育教学与生活环境中一切有利于达成课程目标的资源,资源具有广泛多样的特点。不同的地域,可开发与利用的学前儿童体育资源不同,其构成形式和表现形态各异;不同的文化背景下,人们的价值观念、道德意识、风俗习惯、宗教信仰等具有独特性,相应的学前儿童体育资源各具特色;活动性质、规模、场地器材以及体育教师素质的不同,活动组织者和指导者可以开发与利用的学前儿童体育资源自然有差异;幼儿个体的家庭背景、智力水平、体能水平、生活经历的不同,可供开发与利用的学前儿童体育资源必然也千差万别。

(二) 潜在性

多种多样的学前儿童体育资源为活动组织者和指导者因地制宜地开发与利用提供了广

阔的空间。但是,只有那些真正进入学前儿童体育,与体育活动联系起来的资源,才是现实的学前儿童体育资源。体育资源的开发,实质上就是探寻一切有可能进入体育,能够与体育活动联系起来的过程;学前儿童体育资源的利用,实质上就是充分挖掘被开发出来的体育资源的价值。所以,体育资源的开发与利用是密切联系在一起的,开发是利用的前提,利用是开发的目的。从这个意义上看,一切可能的学前儿童体育资源都具有价值潜在性的特点。

(三) 多质性

学前儿童体育资源的多质性意味着同一资源可以具有不同的用途和价值。例如,幼儿园附近的山,既可以用于学前儿童体育中的体育锻炼,也可以用于劳动活动中的植树绿化;既可以在艺术活动中陶冶幼儿的情操,也可以在科学活动中用于调查动植物的种类。体育资源的多质性,要求活动组织者和指导者慧眼识珠,善于挖掘体育资源的多种利用价值。

二、学前儿童体育资源分类

学前儿童体育可以开发与利用的资源十分丰富,学前儿童体育资源通常可以根据不同的分类标准进行分类。

(一) 根据来源分类

1. 幼儿园中的学前儿童体育资源

幼儿园中的学前儿童体育资源包括园内的各种运动场所和设施,如运动场、体育馆、图书角等;园内体育人文资源,如教师群体,特别是师生关系、班级组织、一日常规等;与体育密切相关的各种活动,如课外的体育活动、亲子运动会、体育表演、夏令营、冬令营等。园内学前儿童体育资源是实现学前儿童体育目标,增进幼儿健康,促进幼儿全面发展的最基本、最便利的资源。

2. 幼儿园外的学前儿童体育资源

幼儿园外的学前儿童体育资源包括幼儿家庭、社区乃至整个社会中各种可用于体育活动的体育运动场地、器材、设施和条件以及丰富的自然资源。其中,社区的体育场、体育馆、游泳池、广场等都是宝贵的学前儿童体育资源;为了保存和展示人类体育文明成果的公共设施,如体育馆、体育公园、图书馆、博物馆、展览馆等也是重要的学前儿童体育资源;影响人类社会生产生活的价值观念、宗教伦理、风俗习惯等与学前儿童体育活动有着直接的关系,也是不可或缺的学前儿童体育资源。

(二) 根据存在方式分类

1. 显性资源

显性学前儿童体育资源一般为物质形态、可以直接运用于学前儿童体育活动的物质资源,如体育活动相关教材、体育场地、器材、设备、体育活动项目、自然和社会资源中的实物等。作为实实在在的物质存在，显性学前儿童体育资源可以直接成为体育活动的便捷手段或内容，相对易于开发与利用。

2. 隐性资源

隐性学前儿童体育资源一般呈现为精神形态，是指以潜在方式对学前儿童体育活动施加影响的精神资源，如幼儿园和社会体育风气、家庭体育氛围、体育活动过程中的师生关系等。与显性学前儿童体育资源不同，隐性学前儿童体育资源的作用方式具有间接性和隐蔽性的特点，它们不能构成体育活动的直接内容，但是它们对体育活动的质量起着持久的潜移默化的影响。

（三）根据功能特点分类

1. 素材性学前儿童体育资源

素材性资源主要包括体育与健康知识、技能、经验，活动方式与方法，情感和价值观等方面的因素，其特点是作用于体育活动，并且能够成为学前儿童体育的素材或来源。

2. 条件性学前儿童体育资源

条件性资源包括决定体育活动实施范围和水平的人力、物力、财力、时间、场地、媒介、设备、设施和环境，以及对体育活动的认识状况等因素。这些资源的特点是它们间接作用于体育活动，并非直接构成活动内容；在很大程度上决定了体育活动的实施范围和水平。

需要注意的是，素材性资源与条件性资源之间并没有绝对的界限。在现实中，许多资源如体育馆、图书馆、博物馆、实验室、互联网、人力和环境等，往往既包含活动素材，也提供活动条件。

（四）根据形态分类

根据形态，学前儿童体育资源可划分为学前儿童体育内容资源（包括现代运动项目、民族传统体育活动和新兴体育项目）、体育课程场地器材资源和学前儿童体育人力资源。以下内容将围绕这三类资源的开发与利用展开。

第二节　体育内容资源的开发与利用

一、现代运动项目的开发与利用

（一）现代运动项目改造的意义

现代运动项目是一种具有竞争性、挑战性、规则性、不确定性和娱乐性的身体活动，其中,竞争性和娱乐性最为突出。现代运动项目具有教育、娱乐、政治等多种功能,通常表现出以下特征:竞争竞赛、休闲消遣、娱乐观赏、荣誉自尊、挑战自我、悬念刺激、自我显示、精神激励、情绪宣泄等。

学前儿童体育应该根据幼儿身心发展特点和不同需求、活动目标、实施条件、幼儿体育基础等诸多因素,特别是要按照增强体能、增进健康的活动目标,对现代运动项目进行科学的选择、引进和必要的加工改造,或进行有针对性的重新设计,使其转化为能面向全体幼儿并受到广大幼儿喜爱的、能让幼儿基本学会以及能收到多种效益的体育活动内容,成为增强体能、增进健康、提高素质的体育手段。对现代运动项目进行改造,有利于激发幼儿的参与热情和学习兴趣,促进幼儿更好地锻炼身体、增强体能、增进健康、发展个性,使幼儿适当掌握最基本的动作技能和运动能力,为终身从事体育健身活动奠定良好的基础。

(二) 现代运动项目改造的基本方法

在现代运动项目改造的具体操作中,要根据《3～6 岁学前儿童学习与发展指南》《学龄前儿童(3～6 岁)运动指南》等文件的精神,遵循学前儿童身心发展特点、体育规律和健身原理,在充分研究现代运动项目的教育性、指导者的可操作性和幼儿的可接受性基础上,从运动的方向、形式、路线、距离、顺序、节奏、规格、场地、器材、规则要求、参加人数等方面,对现代运动项目进行加工改造,使其成为确实有健身价值的、适合学前儿童身心发展的体育内容。现代运动项目的改造,通常要辅以活动方法和组织形式等环节进行优化,确保实施的可行性与有效性。基本方法为:(1)简化技术结构,减小运动难度,使其既能增强体能、增进健康,又能减轻学前儿童运动时的生理和心理负担;(2)调整场地器材规格,修改竞技比赛规则,使其能适应广大学前儿童的实际,有利于激发学前儿童的学习兴趣,使他们全身心地投入其中;(3)降低负荷要求,使运动负荷易于控制在最佳范围内,满足学前儿童身心发展需求;(4)在组织教材内容时,调整和转换现代运动项目特点,充分挖掘运动项目的多种功能,更多考虑活动的健身、健心以及在促进社会交往方面的功能。

(三) 现代运动项目改造的因素

现有运动项目资源十分丰富,在开发时为了适应和满足学前儿童的实际需要,各地、各园和体育活动组织者、指导者应该根据学前儿童的身心发展特征,加强对运动项目的改造工作,这是活动设计的重要内容,也是体育活动组织者和指导者发挥主导作用的重要方面。本处所指的运动项目的改造,主要是指简化规则、简化技战术、降低难度要求、改造器材等。

对现有运动项目的改造要运用整体幼儿观、健康观进行活动设计。活动设计应当有利于调动学前儿童体育学习的积极性,有利于培养学前儿童体育锻炼的兴趣和习惯,有利于增进学前儿童身心的整体健康,有利于发展学前儿童终身体育锻炼的能力。改造内容主要包括以下几个方面。

(1)修改内容。去除不适合学前儿童"身体健康、心理健康、社会适应"发展的复杂内容,弱化甚至取消竞技成分,淡化终结性的"达标"评价内容,不过分强调内容的系统性和完整性。

（2）降低难度与要求。降低运动难度、动作难度，不苛求动作的细节，调整器械规格，改变器械功能等。

（3）简化技战术。降低需要经过较为系统的训练和较高体能和技术水平才能完成的技战术要求。

（4）改造场地器材。使场地器材适合学前儿童的年龄、性别、身高、体能的特点，满足学前儿童的兴趣和需求。

二、民族传统体育活动的开发与利用

我国是一个多民族的国家，各民族传统体育文化有着非常大的差异，民族传统体育项目种类繁多、形式多样，具有鲜明的民族性、传统性和地域性，如蒙古族的摔跤、藏族的歌舞、维吾尔族的舞蹈、朝鲜族的荡秋千、白族的跳山羊、锡伯族的射箭、京族的跳竹竿、侗族的抢花炮、壮族的抛绣球、苗族的爬坡杆、瑶族的打猎等活动，深受各族人民的喜爱。学前儿童体育活动应结合地域特点、环境因素和学前儿童的实际情况，选择和改造民族传统体育项目，使之适应幼儿的身心特点，丰富活动内容，增强活动的吸引力。以嬉戏娱乐为主的活动，强调闲暇消遣和健身娱乐。以竞赛为主的课程，结合游戏娱乐和竞赛体力、技巧、技能的竞技。配合节庆习俗的活动，体现民族特有的传统庆典和文化表达。改造后的民族传统体育项目不仅能够成为具有中国特色的学前儿童体育活动，还能帮助幼儿在学习过程中发展速度、力量、耐力、灵敏、反应等身体素质；磨炼意志，陶冶情操，促进身心健康发展；培养民族自尊感和社会适应能力。通过合理选择和创造性改造，民族传统体育项目能够为学前儿童提供一个富有教育意义和文化价值的学习环境，使他们在参与体育活动的同时，也能够体验和学习中国丰富的民族文化。

三、新兴运动项目的开发与利用

随着社会的不断进步与发展，物质生活水平的提高以及大众体育的蓬勃开展，新兴的运动项目层出不穷，许多新兴运动项目既深受广大学前儿童的喜爱，也有利于学前儿童的身心健康发展。对新兴运动项目可以进行一定的加工改造，使其成为学前儿童喜欢的活动内容。

（1）郊游、远足、野营等野外活动：郊游地点可以是风景地和公园，如春游等；远足是指以步行的方式到野外去游览；野营与前两者的不同点是要在野外宿营。

（2）体育舞蹈、健美操：体育舞蹈是结合舞蹈与运动，提升儿童的身体协调性和节奏感。健美操是在音乐伴奏下，通过体操、舞蹈、音乐结合的身体练习，促进儿童的身心健康。在选择和开发这些项目时，应考虑动作设计的简单性、合理性和参与性，确保符合学前儿童身心发展的需求。

（3）定向越野：一项新兴运动，培养儿童的方向感、耐力和坚忍不拔的意志。活动前要做好充分准备，包括考察路线、选择参与对象，确保与儿童的年龄和体力相适应。可结合科学考察和文娱活动，让儿童在自然中学习和成长。

（4）儿童攀岩：有助于锻炼幼儿身体平衡、力量、柔韧性和协调性，培养幼儿勇敢和进取精神。在活动前要介绍攀爬方法,检查安全装置,确保活动安全。根据地域和条件,设计适合学前儿童的攀岩墙,调整难度以适应儿童身心情况。

第三节　体育场地设施资源的开发与利用

一、体育场地设施资源开发与利用的意义

(一)促进学前儿童体能素质的提高

影响学前儿童体育活动质量的最直接因素包括社会、家庭、幼儿园教育者,以及校园环境。其中,体育活动的场地和器材是关键的硬件设施。根据《幼儿园工作规程》规定,学前儿童每天的户外活动时间(包括体育活动)不得少于 2 小时,其中通过体育器材和场地进行的活动应超过 1 小时,凸显了体育活动在儿童身体发展中的重要性。

合理适宜的体育活动器材和场地练习能够显著提升学习效果。不同种类的器材和场地或同类器材的不同组合,对提高学前儿童身体素质和教育价值具有极强的针对性。例如:摇摆、颠簸类运动器材有助于发展动态平衡能力和前庭器官机能,强化空间感知觉。攀登、垂吊类活动能增强肌力与耐力,提高身体控制能力,帮助克服心理障碍。跳跃、翻滚等活动促进大肌肉发展和身体控制能力,提高灵活性与协调性。实验证明,年龄越小的儿童,器材练习的效果越显著。此外,体育活动联合器材和场地的价值还体现在组织形式的多样性上。幼儿园教师可以根据自己和儿童的实际情况灵活组合搭配器材和场地,以实现最佳效果。

(二)促进学前儿童生存技能的发展

学前儿童生存技能包括生活技能和生存技能,这些技能的培养是动作学习与发展的终极目标。学前儿童体育活动通过与环境的互动,帮助幼儿发展平衡、灵敏性与协调性、力量与耐力,从而获得动作的相关知识、技能和方法,并将这些应用于日常生活。生存和生活技能的培养涵盖智力发展、学习能力、社会交往、情绪情感、意志品质、安全意识、自我保护和生活自理等方面。杨宁教授指出,动作发展是儿童智力和心理发展的重要指标及建构力量,对儿童早期发展与教育具有重要作用。使用工具是人类的重要标志,学前儿童阶段的动作发展应体现在生活技能上,如穿衣、穿鞋,使用筷子、笔等,这些技能可以通过体育器材来提高稳定性、熟练性和准确性。户外体育活动不仅让学前儿童获得快乐的生活体验,还有助于培养健康体魄和安全意识。

(三)拓展学前儿童的动作方式

学前儿童动作方式是多种多样的,并且是可塑性极高的,3～6 岁是人类动作发展的敏感期和黄金期,抓住这个时间段拓展学前儿童动作方式等于抓住了学前儿童动作发展

的一把金钥匙。研究显示,通过不同规格的体育器材可以有效地发展学前儿童的多方面动作技能。根据《3～6岁儿童学习与发展指南》的目标体系,幼儿园可以创设平衡、灵敏与协调、力量与耐力三个方面的器材和场地,这些器材和场地不仅功能丰富,还能进行组合搭配,形成丰富的运动游戏平台。体育器材和场地的多样化使用,还可以改变动作的方向、难度和幅度,提供不同的动作技能发展机会。

（四）增添学前儿童的运动乐趣

活泼好动是幼儿的天性,他们喜欢运动,不喜欢枯燥和单调的体育练习,因为他们会觉得"不好玩",所以幼儿的运动要在教师或家长的指导下,有针对性和目的性地开展。活泼好动是孩子的天性。在教师或家长指导下,有针对性和目的性地开展运动,可以激发兴趣,避免枯燥和单调。兴趣的产生基于需求,学前儿童的认识活动受兴趣和需求的直接影响。要使学前儿童成为主动学习者,必须尊重他们的兴趣和需求。教育应将儿童的兴趣和需求作为生长点,支持和促进学习活动,同时将教育内容转化为儿童的兴趣和需求。

当前学前教育强调玩中学、学中玩,重视儿童的亲身体会和实际操作。体育器材和场地可以根据儿童的表现适时调整难易度,让儿童自由选择,增加活动兴趣。例如,过独木桥活动可以通过增加新异刺激,如带小物件过桥,激发学前儿童的兴趣,体验挑战的快乐。体育器材和场地具有多样性玩法,如梯子、垫子、平衡木、平衡球等,可以进行走、钻、爬、跳、滚、翻等活动,提高玩的兴趣,扩大动作发展的空间。

幼儿园体育器材和场地可以视为运动玩具,具有色彩鲜艳、造型可爱、可随意搭配组合的特点。幼儿使用多种器材和场地可以巩固练习各种动作,提高练习兴趣,激发积极性。

二、幼儿体育活动器材的开发与利用

活动器材应当注多功能性开发和创新利用,体操器材不仅用于学习体操动作,还可以培养学前儿童的多种生存技能。球类可以通过创新使用,开发特殊功能,例如排球或足球可以用于"抢花炮"游戏,实心球可以用于投掷、设置障碍或作为保龄球使用。跳绳不仅限于传统跳绳方式,还可以用于绳操、跳移动绳、跳蛇绳、二人三足跑、开火车等多种活动。接力棒、栏架、橡皮筋、标枪等传统体育器材都可以通过创新思维,开发出新的用途和玩法。鞍马、跳箱、山羊等体操器械除了用于基本体操训练外,还可以作为障碍物使用,为体育活动增添挑战性和趣味性。除此之外,还应鼓励学前儿童动手自制简易体育器械,如沙袋、接力棒、毽子、滚铁环、呼啦圈、抽陀螺、体操轻器械等,这不仅能够激发儿童的创造力,还能增加体育活动的趣味性。

三、现有场地设施的改造

社会和幼儿园应对现有场地进行合理调整和规划,重新部署适合多种运动项目的运动场地,为体育活动提供有利条件。改造应根据各地、各幼儿园的具体情况与特点,采取不同措施。运动场地的改造必须首先保证学前儿童运动的安全性,防止伤害事故的发生。其次,应扩大学前儿童的运动场地面积,确保场地适合儿童使用。

可以把正规的、成人化的场地器材改造成适合学前儿童活动的场地器材。例如,降低篮球架高度,降低排球网高度,缩小足球门,缩小篮球、排球、足球场地等。根据幼儿园周边环境,合理规划、充分利用空地,使学前儿童能进行安全适宜的体育活动。体育场地的改造和开发可以有多种形式,例如:

（1）在标准篮球场边线外安装多个不同高度的篮球架,供不同年龄、性别的学前儿童选用;

（2）制作无板、多圈简易活动篮架,或把篮圈直接安装在墙上;

（3）利用篮球场地或排球场地进行小足球活动;

（4）降低排球网的高度,缩小排球场地,使其成为软式排球;

（5）设立小型羽毛球、板羽球场地;

（6）利用走廊的墙壁、楼梯改造为攀爬墙和滑梯;

（7）雨天可利用课桌做乒乓球台;

（8）降低体操器械的高度;

（9）创设综合性运动场区。

应根据本地或本园学前儿童的实际情况,合理开发使用运动场地,挖掘场地的使用空间和时间。充分利用学校、体育机构、公益体育场馆的空地和学校周边环境,合理安排运动时间,平衡"利用"与"安全"的关系。

四、自然地理资源的开发与利用

自然地理资源以其丰富多样的内容和形式为学前儿童提供了体育活动的广阔天地。开发与利用这些资源时,应充分考虑学前儿童的年龄特征和兴趣,确保活动既安全又有趣,同时适应当地的环境和季节变化。

选择空气清新、阳光充足、水质清洁、安全性高且无污染的环境进行体育活动。利用自然地理资源与传统体育项目相结合的方法,让学前儿童在自然环境中享受阳光、空气和水,培养他们适应不同气候和环境的能力,促进身心健康。

大自然中空气、阳光、水、森林、草原、山地、丘陵、田野、海滩、沙丘以及春、夏、秋、冬四季都蕴藏着十分丰富的体育课程资源,利用它们可以进行各种各样的体育活动。例如,利用空气可以进行有氧运动,散步、慢跑、有氧操等;利用阳光可以进行日光浴;利用水,可以进行游泳、跳水、温泉浴等;利用山地,可以进行户外拓展、定向越野等;利用沟渠田野,可以进行越野跑、有氧耐力跑等;利用海滩,可以进行、沙滩排球;利用雪原,可以进行滑雪、滚雪球、打雪仗等;利用草原,可以进行足球、翻滚等活动。

第四节　人力资源的开发与利用

学前儿童体育实施过程中应重视利用与开发人力资源,除了幼儿园教师以外,还应注意发挥社会体育指导员、体育机构教练员、有体育特长的教师、卫生保健教师的作用,指导和组织学前儿童进行体育与健康活动。

一、幼儿园教师

幼儿园教师是学前儿童体育中的重要人力资源，要充分地挖掘并有效利用学前儿童体育资源，最大限度地发挥资源的效益和价值，需要开发者特别是幼儿园教师积极发挥主体性作用。教师的不同观念对体育活动的组织和指导效果有显著影响。因此，更新教育观念，采取更符合儿童发展需要的方法至关重要。在体育活动中，教师不仅要传授运动知识和技能，更要通过这些活动促进学前儿童的身心健康和全面发展。

二、学前儿童

学前儿童是体育课程学习活动的核心主体。他们参与活动的积极性直接影响活动的效果。在传统体育教学中，由于内容、方法和评价的局限，学前儿童的主动性和积极性往往受到限制。因此，体育活动应重视发挥学前儿童的主体作用，提高活动目标的有效性。学前儿童中具有体育特长的个体可以成为教师在活动组织与指导中的得力助手。教育者应充分利用这些儿童的特长，让他们协助和指导其他儿童的学习。

三、其他人力资源

在《3～6岁学前儿童学习与发展指南》的指导下，应充分发挥其他具有体育特长幼儿园教师的作用，丰富体育教学内容，提高教学质量。争取卫生保健教师的配合与支持，确保体育活动的安全性，预防运动伤害。开发和利用园外的人力资源，如具有体育特长的家长、社区体育指导员、关心学校体育活动的社会团体、企业和俱乐部等，以增强体育活动的多样性和实效性。跨领域的合作可以为学前儿童提供更全面、更专业的体育教育。各类人力资源应建立良好的沟通和协作机制，共同促进学前儿童的体育发展。

第十二章 幼儿园体育教育的计划与评价

第一节　幼儿园体育教育工作的计划

计划是幼儿园体育教育工作的依据,它是幼儿园体育教育工作有目的、有步骤地进行的保障,同时也是检查和评价的依据。幼儿园体育工作计划主要有全园学期体育工作计划、班级学期体育工作计划、班级月体育工作计划、班级集体体育活动计划及每日早操和户外活动计划。

一、全园学期体育工作计划

全园学期体育工作计划通常指的是针对一个学期内,针对幼儿园全体幼儿制定的体育活动和教学的详细计划。计划会包括以下几个方面。

（1）目标设定:明确学期体育教学和活动的目标,比如提高幼儿的体能、培养幼儿的团队合作精神等。

（2）课程安排:列出每周或每月的体育课程内容,包括不同的体育项目和活动。

（3）活动组织:计划各种体育竞赛、运动会等活动的组织和实施。

（4）资源分配:包括体育器材、场地使用和教师资源的分配。

（5）安全措施:确保所有体育活动的安全,包括预防伤害和紧急情况的应对。

（6）评估与反馈:定期评估体育教学和活动的效果,收集幼儿和教师的反馈,以便不断改进计划。

二、班级学期体育工作计划

班级体育工作计划是由各班教师制定的,涵盖全学期体育教学和各项体育活动的计划,包括集体体育活动、户外体育活动、早操等方面。具体内容包括确定与年龄班相关的全学期体育任务、教学内容、教学材料、教学时数。制定学期体育工作计划的步骤如下。

（1）分析情况，确定任务。

（2）计算和分配活动时数。只有知道了集体体育活动、户外体育活动和早操的时间和次数，才能确定材料和教育内容的数量。

集体体育活动总次数＝入园总周数（每周安排一次集体体育活动）

早操总次数＝入园总周数×5（每周入园5天，每天早晨安排做操一次）

户外体育活动总次数＝入园总周数×5（每天安排户外体育活动至少一次）

（3）分配材料和活动内容出现次数。分配原则是全面照顾、保证重点。全面照顾是为了贯彻全面发展原则和照顾幼儿兴趣等心理特点，各类材料都应安排一定次数。保证重点是指不能平均分配时间，如跑、跳等实用性最大，并且幼儿也喜欢，所以在时间和次数上应多安排一些。

（4）选定材料和体育内容，并分配到各月。根据全面发展原则以及体育内容本身的系统性，基于各类材料和体育内容之间的相互关系，以及季节、气候和场地等条件，把各类材料分配到各月。

（5）确定幼儿生长发育、基本动作水平等的检测日期。

三、班级月体育工作计划

班级月工作计划是根据学期体育工作计划，具体安排班级本月每天的早操、户外体育活动和每次体育活动的内容，并提出完成本月体育任务的计划。制定月体育计划的步骤和方法如下。

（1）根据学期计划和当月具体情况来确定每周体育教育任务，各类体育内容和材料的要求及出现次数、时数。

（2）分配每次集体体育活动的材料和每天早操、户外体育活动的体育内容。分配时应注意以下几点：

①集体体育活动可安排新教的、较难的内容和重点的材料。早操可只做操和简单的变换队形，每月可安排一套操。户外体育活动应复习巩固集体体育活动所教内容，也应适当教授新内容，但难度不应太大。

②可先安排集体体育活动的材料，再安排户外体育活动的材料和体育内容。

③每周应根据幼儿年龄特点和活动能力，适当安排独立锻炼的时间。教师把场地器材准备好，由幼儿自选内容，独立活动，但教师仍应注意照顾和指导。

④可把重点材料和活动内容尽量安排在上午。先安排重点的、连续性要求较高的材料，后安排其他材料。

⑤每天户外活动内容和每次集体体育活动的材料都要注意锻炼身体的全面性和多样性。

⑥注意材料与体育内容之间的关系。

四、班级集体体育活动计划

活动计划是一次集体活动的教学方案，也称教案。编定教案，是组织集体教学活动的重要环节之一。好的教学方案是实现教学最优化的关键。关于体育教育活动的设计已在

第十章进行详细讲解，此处不再赘述。

五、每日早操和户外活动计划

幼儿园的每日早操和户外活动计划是专门为幼儿设计的体育活动安排，目的是通过有趣的活动促进幼儿的身体发展、社交技能和认知能力。早操计一般安排在幼儿入园不久后，包括简单的热身运动、儿歌舞蹈、基本体操动作等，以吸引幼儿的兴趣并让他们的身体逐渐活跃起来。户外活动可以安排在上午和下午的特定时间段，例如餐后或学习活动之间。根据幼儿的年龄和发展阶段，设计适合的游戏和活动，如滑梯、秋千、攀爬架、团队游戏等。确保所有活动都在成人监督下进行，并采取必要的安全措施，如检查活动场地和设备。

第二节　学前儿童体质的测量与评价

学前儿童的体质具有较明显的差异性，主要表现在形态发育、身体素质、生理机能、神经心理发育心等方面。学前儿童进行体质测试与评价的目的，主要是为了掌握学前儿童在体质健康方面的基本状况和发展变化情况，评定体育活动对学前儿童体质健康的影响效果，以便有针对性地采取相应的措施，改进学前儿童体育工作，有效增强学前儿童体质，提高学前儿童的健康水平。进行学前儿童体质测量与评价的意义主要表现在以下三个方面：

（1）客观了解和掌握学前儿童生长发育和体能发展的现状，为设计和安排学前儿童体育活动提供科学的依据。

（2）检查和评定学前儿童体育活动的实施效果。

（3）系统收集和积累反映学前儿童体质的数据和资料，以促进学前儿童体质健康的研究。

一、学前儿童体质的评价指标与测定方法

（一）形态指标

形态指标是学前儿童身体的外部形态和特征，人们通常用身高、坐高、体重、头围、胸围和各部位皮褶厚度等来衡量学前儿童身体形态的发育。

1. 身高

身高是反映骨骼发育的重要指标，指从头顶至足底的全身长度。一般情况下，3岁以下学前儿童可采用仰卧位测量，以免立位测量数据不准确，测量结果称为身长。身高的增长规律与体重相似，婴儿期会出现第一个生长高峰。学前儿童期年龄越小，增长越快，2～12岁儿童可按下列公式推算：身长（cm）＝年龄×7＋70 cm（青春期后由于身高增长出现第二个高峰，因此不能按照这个公式推算）。

身高增长受到营养、内分泌、运动、疾病等因素的影响,身高在均值加减两个标准差范围内均属正常。截至目前,最准确的方法是用骨龄预测身高。骨龄,即骨骼发育的年龄指标,与儿童的实际年龄相对应,能够反映个体的生长发育水平。为了测量骨龄,通常需要对儿童的左手进行 X 光摄影,获取包括尺骨、桡骨末端以及腕骨、掌骨和指骨在内的影像。在拍摄过程中,还需准确记录儿童的当前身高数据。

（1）使用器材

在采用身高坐高计进行测量前,应使用钢尺校准底板至身高计的 1 米处,确保两者之间的误差不超过 0.1 厘米。同时,需要检查立柱是否与底板保持垂直,连接部位是否牢固,是否存在晃动或零件松脱等问题,并及时进行调整。此外,也可以选择使用固定在墙上的软尺进行测量。

（2）检测方法

受试儿童需赤足站立,保持立正姿势,上肢自然下垂,足跟并拢且足尖分开成 60 度角。确保足跟、骶骨部及两肩胛骨与立柱接触,躯干挺直,头部保持正直,双眼平视。检测人员应站在儿童的右侧,将水平压板沿立柱轻轻下滑至儿童头顶,并轻轻施压(如图 12-1 所示)。读数时,检测人员的视线应与压板平面保持水平。记录员在复述测量结果后,将其记录在表格中,单位为厘米,精确到小数点后一位。测量误差应控制在 0.5 厘米以内。

图 12-1　学前儿童身高测量方法

（3）注意事项

①身高计应放置在平坦且靠墙的位置,刻度尺面向光源,以便于读数。

②严格遵守测量姿势要求,即"三点靠立柱、两点呈水平"。检测人员在读取数据时,视线必须与压板等高,必要时通过下蹲或垫高来调整视线。

③水平压板与儿童头部接触时,力度要适中,确保头发蓬松部分被压实,解开任何发辫或发结,并取下所有头饰。

④测量结束后,应立即将水平压板轻轻推至安全高度,以防止损坏。

2. 坐高

坐高指从头顶至坐骨结节的长度,它是衡量头颅与脊柱发育的一个重要指标。对于 3 岁以下的学前儿童,通常采用卧位测量,即测量从头顶到臀部的长度,因此也称为顶臀长。新生儿出生时平均坐高约为 33 厘米,占其身高的 67%。随着年龄的增长,下肢的增长速度超过躯干,导致坐高占身高的比例逐渐降低:2 岁时降至 61.1%,4 岁时为 60%,6 至 7 岁时通常小于 60%。这种比例的变化反映了身体上下部分比例的调整,是评价身体匀称性的一个指标。如果这一比例超出正常范围,可能提示存在影响下肢生长的内分泌疾病或软骨发育不全等问题。例如,甲状腺功能减退或软骨营养不良的学前儿童,其坐高与身高的比例可能会表现出异常。

(1)使用器材

在进行坐高测量时,应使用身高坐高计。在检测前,必须校准坐高计,确保其值为 0 点。可以使用三角尺进行校对:将三角尺的一边平放于坐板上,使尖端指向坐高标尺的 0 点,确保误差不超过 0.1 厘米。

(2)检测方法

受试儿童坐于身高坐高计的坐板上,使骶骨部、两肩胛骨靠立柱、躯干自然挺直,头部正直,两眼平视前方,以保持耳屏的上缘与眼眶下缘成水平位。两腿并拢,大腿与地面平行并与小腿呈直角。上肢自然下垂,双手不得支撑坐板,双足平踏在地面上(如图 12-2 所示)。如受试儿童小腿较短,适当调节踏板高度以维持正确检测姿势。检测人员站在受试儿童右边,将水平压板轻轻沿立柱下滑,轻压于受试儿童头顶。检测人员读数时双眼应与压板平面等高进行读数,以厘米为单位,精确到小数点后一位,填入方格内,检测误差不得超过 0.5 厘米。

(3)注意事项

①检测时,受试儿童应先弯腰使骶骨部紧靠立柱后坐下,以保证检测姿势正确。

②对于较小的儿童,应选择宽度适宜的坐板和合适高度的足踏垫板,防止儿童向前滑倒,影响检测值的准确性。

③其他注意事项与身高检测相同,确保测量过程的标准化和准确性。

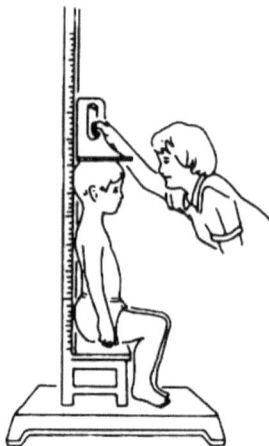

图 12-2　学前儿童坐高测量方法

3. 体重

体重是衡量学前儿童生长与营养状况的关键指标,它反映了儿童各器官、组织和体液的总重量。正常足月新生儿在出生后 3～11 个月期间会经历第一个生长高峰,此时体重约为出生时的 2～3 倍,而到了 2 岁时,体重通常约为出生体重的 4 倍。新生儿的体重应在出生后 8 小时内测量;未满 6 个月大的婴儿,应每月测量一次体重;6～12 个月大的婴儿,每两个月测量一次体重;1～2 岁的儿童,每三个月测量一次体重;2 岁以上的儿童,每半年测量一次体重。同年龄、同性别的学前儿童体重可能因营养、遗传等不同因素而存在个体差异。一般而言,体重在均值加减两个标准差范围内均被认为是正常的。

随着年龄的增长,学前儿童的体重增长速度会逐渐放慢。以下是 2～12 岁(青春期前)儿童体重的估算公式:

1 至 6 个月大儿童:体重(kg)=出生体重(kg)+(月龄×0.7)

7 至 12 个月大儿童:体重(kg)=6+(月龄×0.25)

2 岁至青春前期儿童:体重(kg)=(年龄×2)+8

(1) 使用仪器

在进行体重测量时,可采用电子体重计,该设备提供卧式、坐式和立式三种测试方法。以立式测试为例,使用前必须检验其准确度和灵敏度。准确度的标准是误差不超过 0.1%,即对于每百千克的重量,误差应小于 0.1 千克。检验方法是使用 10 千克、20 千克、30 千克的标准砝码(或经标定的重物)进行称量,以确保指示读数与标准砝码的误差在允许范围内。

(2) 检测方法

在测量体重时,应将体重计放置在平坦的地面上,并调整至零点。受试儿童需仅穿着短裤,站立于秤的中央位置。电子体重计将自动显示读数。记录员需将显示的读数准确填入记录表中,测量过程中的误差不得超过 0.1 千克。

(3) 注意事项

①受试儿童在站立于秤台中央时,上下秤的动作应轻柔,避免剧烈运动影响测量结果。

②每次使用体重计前,都需要校正至零位,确保测量的准确性。

4. 头围

头围是反映婴幼儿脑和颅骨发育的一个重要指标,它指的是通过眉弓上方、枕后结节,绕头一周的长度(如图 12-3 所示)。在胎儿期,脑发育较为领先,因此新生儿的头部相对于身体其他部位较大。世界卫生组织提供的头围参考值如下:正常足月新生儿出生时平均头围约为 34 厘米;出生前半年增长约为 8 至 10 厘米;1 岁时头围增加约 12 厘米,达到约 46 厘米;2 岁时头围仅增加 2 厘米,达到约 48 厘米;5 岁时头围约为 50 厘米;6 至 14 岁头围仅再增加 6 至 7 厘米;15 岁时头围接近成人水平,一般在 54 至 58 厘米之间。

头围的增长在 2 岁后显著减慢,因此在 2 岁时进行的测量最具评估意义。头围的测量结果可以作为评价脑和颅骨发育的依据。头围过小可能提示脑发育不良,这种情况常见于小头畸形;头围增长过快则可能见于脑积水、佝偻病等病症。

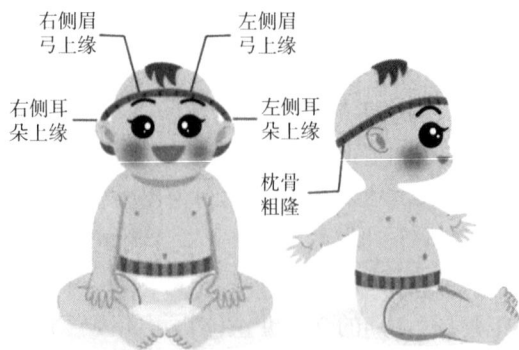

图 12-3 学前儿童头围测量方法

（1）使用器材

测量头围时，应使用带有毫米刻度的软尺，以确保测量的精确性。

（2）检测方法

被测者可采取坐位、立位或仰卧位，以确保舒适和测量的准确性。测量者应位于被测者的左侧或前方，便于操作。测量者使用左手拇指将软尺的零点固定在头部右侧眉弓上缘（即眉毛的最高点）。软尺需经过枕骨粗隆（后脑勺的最高点），再绕至左侧眉弓上缘，确保三点围成一圈。

（3）注意事项

①测量用的软尺不宜过于柔软，以免影响测量结果。

②手势应适中，既不能过松也不能过紧，以防数据出现误差。

③对于长发或梳辫的被测者，应先将头发在软尺经过处向上下分开，确保软尺能够紧贴头皮。

④测量结果应记录精确到小数点后一位，以保证数据的精确度。

5. 胸围

胸围是衡量学前儿童胸廓、胸背肌肉、皮下脂肪及肺部发育程度的重要指标，指沿乳头下缘水平绕胸部一周的长度。胸围不仅在一定程度上反映了身体形态和呼吸功能的发育情况，如胸廓和肺部的发育，而且还能体现体育锻炼的效果。出生时，婴儿的胸围约为32厘米，通常比头围小1至2厘米。婴儿在1岁时胸围一般会赶上头围，这一现象被称为"头胸交叉"，其发生时间与学前儿童的营养状况密切相关。1岁时，胸围与头围大致相等，大约为46厘米。从1岁至青春前期（12岁前），胸围应持续大于头围。对于1岁至青春前期的儿童，胸围可以通过以下公式进行粗略估算：

胸围（cm）＝头围＋年龄－1 cm

（1）使用器材

在测量前，应使用钢卷尺对皮尺进行校对，确保每米误差不超过0.2厘米，以保证测量的准确性。

（2）检测方法

受试儿童需自然站立，两足分开与肩同宽，双肩放松，两臂自然下垂，保持平静呼吸。

检测人员位于受试儿童正前方,将皮尺上缘从背部肩胛下角下缘开始,水平围向前至乳头上缘(如图 12-4 所示)。皮尺围绕胸部的松紧度应适宜,避免对皮肤产生明显压迫。测量应在受试儿童呼气结束、吸气尚未开始时进行。记录皮尺上与刻度相交的数值作为胸围值,单位为厘米,并精确到小数点后一位。将测量读数填入记录表的方格内,确保检测误差不超过 1 厘米。

图 12-4　学前儿童胸围测量方法

(3) 注意事项

①检测人员需确保受试儿童的站立姿势正确,避免低头、耸肩、挺胸或驼背等不当姿势,并及时纠正。

②检测人员应严格控制皮尺的松紧度,保持整个测量过程的一致性,以减少误差。

③如果肩胛下角不易辨认,可让受试儿童短暂挺胸以摸清位置,之后恢复到正确的检测姿势。

④若受试儿童的两肩胛下角高低不平,应以较低一侧为准进行测量。若高低差异过大,应重新调整姿势或考虑重新测量。

6. 皮褶厚度

皮褶厚度的测量不仅可以反映体脂的分布情况,而且可以通过不同部位的皮褶厚度推算出体脂总量,这对判断学前儿童的营养状况具有重要意义。

(1) 使用仪器

皮褶厚度计。

(2) 检测部位

通常选择的测量部位包括后背的肩胛下角部、手臂的肱三头肌部、腹部、髂部及大腿部等。在国民体质监测测试中,常采用上臂肱三头肌、肩胛下角和腹部作为测量点。

(3) 检测方法

受试学前儿童自然站立,确保被测部位充分裸露。检测人员用左手拇指和食指、中指将被测部位的皮肤和皮下组织轻轻夹提起来。在夹提起的皮肤的下方,使用皮褶厚度计检测其厚度。每个部位检测 3 次,取平均值或两次相同测量值作为最终结果。记录结果以毫米为单位,精确到小数点后一位。具体部位的测量方法如下:

①上臂部皮褶度:检测上臂后面与鹰嘴连线中点处,进行纵向检测。

②肩胛下角皮褶厚度:检测后肩胛下角下方 1 厘米处,皮褶走向与脊柱成 45°角。

③腹部皮褶厚度:在脐水平方向与右锁骨中线交界处(脐左旁 1 厘米),进行纵向检测。

(4) 注意事项

①受试学前儿童自然站立,避免肌肉过度紧张,确保体重平均分布在两腿上。

②检测时应夹起皮肤与皮下组织,注意不要夹起肌肉。

(二) 身体素质指标

学前儿童的身体素质涵盖了速度、耐力、力量、柔韧性、灵敏性、平衡和协调能力等多个方面。《国民体质测定标准手册(幼儿部分)》推荐使用以下测试指标来评估学前儿童的身体素质。

(1) 10 米往返跑:反映学前儿童身体位移速度和灵敏素质状况。

(2) 立定跳远:反映学前儿童下肢肌肉力量、爆发力和身体协调能力发展状况。

(3) 网球掷远:反映了学前儿童上肢部位的肌肉力量和爆发力。

(4) 双脚连续跳:反映学前儿童协调性和下肢肌肉力量。

(5) 坐位体前屈:反映学前儿童下肢和躯干柔韧性发展状况。

(6) 走平衡木:反映学前儿童平衡能力。

1. 10 米往返跑

(1) 场地器材

准备长 10 米、宽 1 米的直线平坦跑道若干条,地质不限。每条跑道在 10 米折返线处设置一手触物体(如木箱或墙壁)。在跑道起、终点线外 3 米处划一条目标线(如图 12-5 所示)。准备若干个秒表,并在使用前以标准秒表进行校对,确保每分钟误差不超过 0.2 秒。

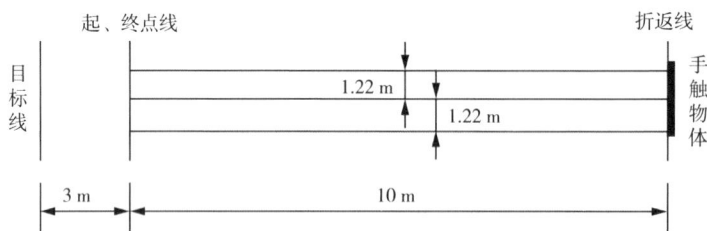

图 12-5　10 米往返跑场地

(2) 检测方法

受试儿童至少两人组成一组。发令员站在起跑线的斜前方,受试儿童站在起跑线后,不得踩起跑线,并采取两脚前后分开的站立式起跑姿势。听到起跑信号后,受试儿童应立即起跑,同时开始计时。在往返处用手触到物体后立即返回,直奔目标线。跑动过程中不得串道。当受试儿童的胸部到达终点线垂直面时停止计时。每位受试儿童只进行一次检测。记录折返后通过终点的时间,以秒为单位,并精确到小数点后一位。

(3)注意事项

①起跑时,可安排一名检测人员在儿童背后,以便在儿童未注意到起跑信号时,在其背后轻轻推动提醒。

②明确告知儿童需要全速跑动,并在接近终点时不要减速。

③检测时,儿童不得穿着皮鞋或凉鞋,以确保安全和测试的准确性。

2. 立定跳远

(1)场地器材

准备一块平坦的地面,在地面上标出起跳点线,在起跳线前方设置沙坑或软地面作为着落区。与起跳线垂直,以内沿为 0 点,拉一条 15～20 米的皮尺,用于测量跳远距离。准备测量用三角板(如图 12-6 所示)。

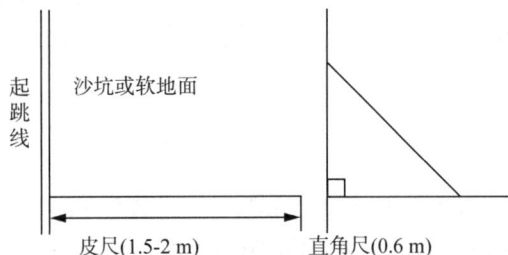

图 12-6 立定跳远测试场地

(2)检测方法

受试儿童两腿自然分开,站立在起跳线后,注意脚不得踩线或过线。儿童需双脚原地起跳,尽可能向远处跳远。禁止垫步或连步的动作。每位儿童试跳两次,记录最好的一次成绩。记录方法为测量从跳线前缘至最近着地点后缘的垂直距离。记录结果以厘米为单位,不足 1 厘米的部分舍去。

(3)注意事项

①起跳时儿童需摆臂,利用摆臂的反作用力增加跳跃距离。

②起跳时可以喊"1、2、3"给予儿童鼓励,帮助他们同步起跳。

③检测时儿童不得穿着皮鞋和凉鞋,以确保安全和测试的准确性。

3. 网球掷远

(1)场地器材

长 20 m、宽 6 m 的平坦场地一块,卷尺与标准网球若干个,设投掷线一条,每间隔 1.5 m 处画一条横线(如图 12-7 所示)。

(2)检测方法

受试儿童两脚前后分开站立,位于投掷线后,身体面对投掷方向,使用单手将球从肩上投出,球出手时后脚可以向前迈一步,但脚不得踩线或过线。每位儿童投掷两次,记录

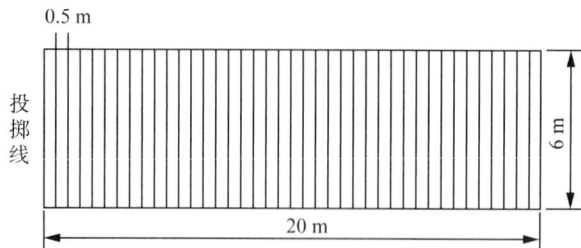

图 12-7 网球掷远测试场地

最好的一次成绩。记录方法为测量从投掷线后沿至球着地点后沿之间的直线距离。记录结果以米为单位,不足 0.5 米的部分舍去。

（3）注意事项

投球必须从肩上进行,例如右手投球时左脚在前,或采取相反的姿势。投球时可以单脚离地,但不得踩线、过线。不允许助跑或垫步。如果球的落点超过 20 米长的场地,应使用卷尺进行丈量;如果球的落点超出 6 米宽的场地,儿童可以重新投掷。

4. 双脚连续跳

（1）场地器材

长 4.5 m 以上的平地一块,积木(长 10 cm,宽 5 cm,高 5 cm)10 块,卷尺、秒表等。其中每间隔 50 cm 的距离放一块积木,共 10 块。距离第一块积木 20 cm 处为起点(如图 12-8 所示)。

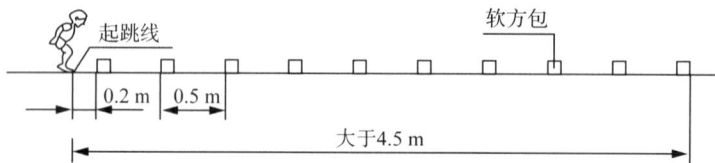

图 12-8 双脚连续跳测试场地

（2）检测方法

受试儿童两脚并拢站在起跑线后,当听到"开始"的信号后,立即起跳,同时计时,双脚连续跳过 10 块积木后停表。如有以下情况不计成绩:单脚跳跃两块积木;踩在积木上或将积木踢乱。记录跳过 10 块积木的时间,记录以秒钟为单位,精确到小数点后一位。检测两次,记录最好成绩。

（3）注意事项

首先要求跳跃方法正确,再要求跳的速度;要求不间断地连续跳跃。

5. 坐位体前屈

（1）场地器材

需要使用儿童坐位体前屈监测计。

（2）检测方法

受试儿童坐在平地上,确保背后有垫物支撑。两腿伸直并拢,脚跟并拢,脚尖分开,平放在检测计的平板上。两手并拢,两臂和手指伸直,然后渐渐使上体前屈。用两手指尖轻轻推动标尺上的游标前滑,避免突然前振的动作。继续前伸直至达到最大程度,记录游标的位置。每位儿童进行两次测试,记录最好的一次成绩。检测计的零点以前为负值,零点以后为正值,以厘米为单位记录,并精确到小数点后一位。

（3）注意事项

检测过程中,如果发现儿童两腿弯曲或两臂有突然前振的动作,该次测试应重做。

6. 走平衡木

（1）场地器材

准备高 30 厘米、宽 10 厘米、长 3 米的平衡木,一端设为起点线,另一端设为终点线。在平衡木两端外加设两块与平衡木等高的宽 20 厘米、长 20 厘米的平台(如图 12-9 所示)。

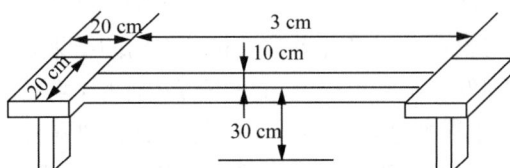

图 12-9　平衡木测试器材

（2）测试方法

受试者站在起点线的平台上,面向平衡木,双臂侧平举。听到"开始"口令后,受试者两脚交替向终点线前进。测试人员在受试者侧前方发令,并在受试者起动的同时启动秒表计时。测试人员跟随受试者向终点线前进,并注意观察受试者的动作,以防止意外发生。当受试者任意一个脚尖超过终点线时,测试人员立即停止计时。每位受试者进行两次测试,记录最好的一次成绩。记录成绩以秒为单位,精确到小数点后一位,按非"0"进"1"的原则进行进位。完成形式记录方式如下:双脚交替前进完成者记为"1";挪步横走者记为"2";不能完成者记为"3"。

（3）注意事项

测试前,受试者脚尖不得超过起点线。如受试者中途落地,必须重新进行测试。测试人员应注意保护受试者的安全。

（三）生理机能指标

儿童正处于生长发育的关键时期,其发展不仅体现在身高、体重的快速增长上,更体现在生理机能的逐步成熟。生理机能指标反映了身体各系统、器官在生理功能上的可测量量度。与形态发育相比,学前儿童的生理机能发育具有更广泛的变动范围,且更易受到体育锻炼、营养摄入、劳动等外界因素的影响。以下是一些常用的生理机能指标:

（1）心肺功能指标:包括脉搏、心率、血压、呼吸频率、呼吸差、肺活量、肺通气量等,这些指标能够反映循环系统和呼吸系统的工作效率。

（2）肌肉力量指标：如握力、拉力和臂肌力测试，这些指标有助于评估肌肉系统的力量和功能。

（3）血液生化功能指标：涵盖血色素、血红蛋白、红细胞、血清铁等。进一步的生化功能指标，如尿肌酐、三甲基组氨酸（反映肌肉代谢水平），尿羟脯氨酸和总含钙量（反映骨代谢水平），这些指标可以在一定程度上揭示机体的蛋白质营养状况。

（4）内分泌激素指标：包括生长激素、甲状腺激素、性激素等，这些激素在调节生长、发育和代谢等方面发挥关键作用。

（四）神经心理发育指标

儿童时期是身体成长和知识积累的黄金时代，同时也是心理发展和个性塑造的关键时期。神经心理发育作为儿童健康成长的关键一环，涵盖了感知觉、运动能力、语言能力和心理功能的全面发展。心理发育指标具体包括：感知觉能力、语言能力、记忆能力、思维能力、想象力、动机、兴趣、情感、性格、行为模式、社会适应能力。神经心理发育是神经系统的解剖生理功能成熟与教育学习等外界刺激相互作用的结果，与体格发育紧密相连，相互影响。学前儿童的心理发育水平可以通过以下方式评估：使用国内外公认的问卷或量表，采用适合本国的标准化常模进行评估。学前儿童的心理发育水平可以通过问卷或量表测定，应使用国内外公认的、采用本国的标准化常模的问卷或量表，由专业人员操作确保结果的可靠性和有效性。测试对象可以针对学前儿童本人、父母或教师，测试类型包括但不限于智力测验、特殊能力测验、记忆测验、人格测验、神经心理学测验。

二、学前儿童生长发育的评价标准

生长发育评价标准是衡量个体或集体学前儿童生长发育状况的一套统一尺度。这些标准通常通过以下步骤制定：

①在某一特定时间段内，选择一个具有代表性的人群和地区。

②对选定的学前儿童群体进行若干项发育指标的广泛测量。

③对收集到的测量数据进行统计学处理。

④所得的资料被用作该地区学前儿童的生长发育评价标准。

理想状态下，评价标准所选的样本应为生活在最适宜环境中的学前儿童，这些儿童的生长潜力得到了充分的发挥，因此他们的生长发育状况较为理想。使用这些生活在最佳环境中的儿童作为样本，所制定的生长发育标准往往高于一般学前儿童的发育水平，从而提供了一个较高的参照标准。

2010 年，国家体育总局、教育部、科技部、卫生部、国家统计局等 10 个部门联合在全国范围内 31 个省（区、市）进行了第三次国民体质监测工作。监测涵盖了身体形态、身体机能和身体素质三个方面，其中包括对 3 至 6 岁幼儿共 51,159 人的监测，达到"合格"以上标准的比例为 92.9%。2010 年国民体质测试幼儿各项体质指标的详细测试结果见表 12-1。

表 12-1　2010 年全国 3～6 岁幼儿各项体质指标平均数

性别	年龄组/岁	身高/厘米	体重/千克	坐高/厘米	胸围/厘米	皮褶厚度/毫米		
						上臂部	肩胛部	腹部
男	3	101.2	16.4	58.1	52.5	8.5	5.2	5.3
	4	107.1	18.1	60.8	54.0	8.5	5.3	5.6
	5	113.7	20.5	63.8	56.0	8.6	5.5	6.2
	6	118.6	22.5	66.0	57.5	8.8	5.9	6.9
女	3	99.8	15.7	57.3	51.2	9.1	5.6	5.9
	4	105.9	17.4	60.0	52.6	9.2	5.7	6.3
	5	112.4	19.5	63.0	54.2	9.3	5.9	6.7
	6	117.0	21.1	64.9	55.5	9.5	6.2	7.3

性别	年龄组/岁	安静心率/(次/分钟)	立定跳远/厘米	网球掷远/米	坐位体前屈/厘米	10米往返跑/秒钟	走平衡木/秒钟	双脚连续跳/秒钟
男	3	97.3	61.1	3.7	10.4	9.1	17.3	10.0
	4	96.2	79.7	4.9	9.8	7.9	11.9	7.8
	5	94.2	96.1	6.4	9.1	7.1	7.9	6.6
	6	92.8	106.6	7.9	8.6	6.7	6.1	6.0
女	3	97.8	57.8	3.0	11.7	9.5	18.1	10.4
	4	96.3	74.5	3.9	12.0	8.2	12.1	8.0
	5	94.8	89.3	4.9	12.0	7.5	8.2	6.6
	6	94.0	96.9	5.7	11.8	7.0	6.5	6.1

注：摘自《2010 年国民体质监测公报》，2010

三、学前儿童体格生长评价的常用方法

（一）百分位数法

百分位数法是一种评价生长发育标准的方法，它以发育指标的第 50 百分位数作为基准值，其他百分位数作为离散距离。该方法通过以下步骤应用于学前儿童的身高和体重评价：随机选取某年龄组的男孩或女孩 100 名作为样本，将这些儿童的身高或体重数值从小到大进行排列，较小的数值对应较低的百分位数，较大的数值对应较高的百分位数，确定并计算特定百分位数（如第 3、10、25、50、75、90、97 百分位数）的数值，这些数值通常用作发育等级的划分依据。例如，P3 代表第 3 百分位数的数值，P97 代表第 97 百分位数的数值。在医学上，根据百分位数法，儿童的生长发育情况通常被分为五个等级，具体划分如下：

第 3 百分位数以下：可能表示生长发育迟缓。

第 3 至 10 百分位数：可能表示生长发育在较低范围内。

第 10 至 25 百分位数:表示生长发育在较低范围内。

第 25 至 75 百分位数:表示生长发育在中等范围内。

第 75 至 90 百分位数:表示生长发育在较高范围内。

第 90 至 97 百分位数以上:可能表示生长发育过快或存在其他特殊情况。

第 50 百分位数(P50)作为平均水平,是大多数儿童所在的发育水平。

(二) 等级评价法

等级评价法是一种根据儿童生长发育指标与标准均值及标准差的关系来划分等级的方法。这种方法以均值作为基准值,以标准差作为离散距离,用以确定生长发育的评价标准。在正态分布原理的基础上,不同国家的学者在研究过程中所采用的等级划分可能略有不同,但基本原理一致。等级评价法尤其适用于身高和体重等指标的评价。根据等级评价法,个体学前儿童的身高或体重数值,如果位于标准均值±2倍标准差范围内,通常被认为是正常的。这个范围大约涵盖了95%的学前儿童。需要注意的是,对于数值在标准均值±2倍标准差以外的学前儿童,不能简单地直接判断为异常。必须在进行连续观察和深入了解的基础上,结合儿童的疾病史、营养状况、家族遗传等具体情况,综合评估后才能做出结论。

(三) 指数评价法

指数评价法是一种通过人体各部分比例关系,利用数学公式编制指数来评价发育水平的方法。这些指数通常分为人体形态、功能和素质三方面。以下是一些主要的形态指数。

身高体重指数:计算公式为体重(g)/身高(cm)。此指数反映了每厘米身高所含的体重量,用以显示人体的充实程度和营养状况。该指数随年龄增长而增加,通常男孩高于女孩。

身高胸围指数:计算公式为胸围(cm)/身高(cm)×100。此指数反映胸廓发育状况和人体体形,较大的指数表明胸围相对较大。该指数在出生后3个月内有所增加,之后随年龄增长而减少,通常男孩高于女孩。

身高坐高指数:计算公式为坐高(cm)/身高(cm)×100。此指数通过坐高与身高的比值反映躯干与下肢的比例关系,说明体形特点。该指数随年龄增长而减少,表明下肢比例逐渐增加。

Kaup指数:计算公式为体重(kg)÷$[身高(cm)]^2×10^4$。此指数反映人体营养状况和骨骼、肌肉的充实度,适合婴幼儿使用。正常范围是15~19,超过22可能为肥胖,13~15可能为消瘦,低于13可能为营养不良。

然而,指数评价法存在局限性,因为它基于机械的理论基础,将人体各部分看作固定不变的比例关系。此外,指数法只能评价个体在单项指标上的体格发育位置,不能综合评价学前儿童的生长发育情况。有时,这种方法可能会错误地将体形匀称的正常矮身材儿童判断为营养不足,或将体形匀称的高身材儿童判断为肥胖。

因此,最可靠的评价方法还是参与医院的学前儿童保健服务。学前儿童出生后,父母应带孩子到医院儿童保健门诊登记,并定期进行体格检查,由专业的儿童保健医生进行评价。了解学前儿童的生长发育水平和健康状况,有助于评估个体或群体的发育等级、识别发育异常现象、预测发展趋势等。评价结果还可以为选拔青少年运动人才提供科学依据。

拓展阅读

我国国民体质监测概况

我国首次开展全国范围的国民体质监测是在 2000 年 6 月,此后每五年进行一次,至今已完成了五次监测(最新一次为 2020 年)。监测工作由国家体育总局牵头,联合教育部、科技部、国家民委、民政部、财政部、农业部、卫生部、国家统计局、全国总工会等 10 个部委共同实施。监测的目的是建立和完善国民体质监测系统和数据库,掌握国民体质状况及其发展趋势,为全民健身计划的实施和国家相关政策的制定提供科学依据。

国民体质监测对象涵盖 3 至 79 岁的中国公民,分为幼儿(3~6 岁)、儿童青少年(7~19 岁)、成年人(20~59 岁)和老年人(60~79 岁)四个年龄段。监测内容分为体质检测和问卷调查两部分,既参考国际通用指标,确保科学性,也便于国际比较。问卷调查主要收集测试对象的社会背景、体育锻炼习惯、生活方式等信息,并从社会心理学角度探讨社会心态对身体健康的影响。

幼儿问卷调查包括以下内容。

1. 幼儿本人情况

(1) 幼儿出生情况:包括出生时的体重、身长、胎龄,以及出生后 4 个月内的喂养方式。

(2) 饮食习惯:调查幼儿是否食用油炸食品、甜食、方便面、碳酸饮料、快餐、膨化食品等,以及平均每周摄入这些食品的频率。

(3) 课外活动:了解幼儿是否参加体育类、文艺类特长班。

(4) 家庭情况:记录在家的主要看护人,以及幼儿的每日睡眠时长。

(5) 幼儿园情况:包括上幼儿园的出勤情况,以及在园内的身体活动和静态活动情况。

2. 幼儿父母情况

(1) 父母基本信息:包括父、母亲的出生日期、身高、体重、受教育程度、职业类型。

(2) 体育锻炼习惯:了解父母近半年内每周参加体育锻炼的频率。

表 12-2 是国民体质监测中各类人群检测指标。

表 12-2　国民体质监测中各类人群检测指标

分类	测试指标	幼儿(3~6 岁)	儿童青少年(7~19 岁)	成年人(20~59 岁)	老年人(60~69 岁)
身体形态	身高	•	•	•	•
	坐高	•			
	体重	•	•	•	•
	胸围	•	•	•	•
	腰围		•	•	•
	臀围		•	•	•
	上臂部皮褶厚度		•	•	•
	腹部皮褶厚度		•	•	•
	肩胛部皮褶厚度		•	•	•

分类	测试 指标	幼儿 (3~6 岁)	儿童青少年 (7~19 岁)	成年人 (20~59 岁)	老年人 (60~69 岁)
身体机能	脉搏(心)率	•	•	•	•
	收缩压		•	•	•
	舒张压		•	•	•
	肺活量		•	•	•
	台阶试验		•	•	
身体素质	立定跳远	•			
	网球掷远	•			
	坐位体前屈	•	•	•	•
	10 米折返跑	•			
	走平衡木	•			
	双脚连续跳	•			
	握力		•	•	•
	背力		•		
	纵跳		•		
	俯卧撑		•		
	一分钟仰卧起坐		•		
	闭眼单脚站立		•	•	•
	选择反应时		•	•	•

注：• 表示该年龄组测试此项目.

第三节 幼儿园集体体育教学活动观摩分析

一、集体体育教学活动观摩分析的要点

精通集体体育教学活动的观摩与分析,对于教师及未来教师而言,是提升教学质量的关键因素之一。观摩分析集体体育教学活动,旨在揭示教学过程中的心理规律,并通过有意识的掌握与应用,促进教学效果。此过程涉及运用生理学和心理学知识,以分析教学成功与失败的原因,并探究教学过程中的生理与心理学基础。分析要点包括以下内容。

(1) 教学活动的心理规律:识别并理解体育教学中的心理动态,包括幼儿的情感、动机和注意力等。

(2) 生理学与心理学的应用:利用生理学和心理学原理,分析教学活动中幼儿的身体反应和心理状态。

(3) 成功与失败的原因分析:深入探讨教学成功或失败的原因,从生理和心理两个层面进行综合评估。

(4) 教师与幼儿心理活动的考察:重点研究教师的教学策略和幼儿的心理反应,以及

它们如何影响教学效果。

（5）知识体系的重建与更新：不断更新和重建教师的教育知识体系，以适应教学实践的需要。

（6）教育学、体育理论及教学法的整合：将观摩分析的发现与教育学、体育理论和教学法理论相结合，实现理论与实践的相互验证和补充。

通过上述要点，教师可以更深入地理解集体体育教学的复杂性，提升教学策略，优化教学方法，最终实现教学目标。

二、集体体育教学活动观摩分析的形式与内容

集体体育教学的心理分析通常采取三种形式：第一，基于心理学原理的考察。依据心理学的科学体系和基本原理，广泛地考察教学中的心理活动，例如教学过程中的心理活动、幼儿的个性特征，以及教学和竞赛心理在幼儿中的表现等。第二，集体体育教学活动中的心理活动考察。专注于准备部分、基本部分和结束部分中幼儿的心理活动，分析不同阶段的心理特点。第三，专门的心理活动考察。针对集体体育教学心理分析的特定任务，深入考察教学中的心理活动，如幼儿的注意力、思维方式，以及不同年龄阶段学习技术动作的心理特点。

以下为第二种心理分析形式的内容纲要示例，供参考。

1. 集体体育教学准备部分

（1）组织幼儿注意力的方法及心理依据。
（2）常规练习和纪律对进行集体体育教学的影响。
（3）练习内容、时间、运动量的安排对调动幼儿积极性的作用。
（4）幼儿情绪、表现等。

2. 集体体育教学基本部分

（1）组织活动的目的性、流畅性和身体练习的有效性。
（2）激发幼儿求知欲、兴趣及社会动机的方式方法。
（3）识记规律在叫教学中的应用。
（4）引导幼儿积极思维及发展想象力的方法。
（5）幼儿掌握动作概念及技术的心理特点。
（6）教师言行对幼儿思维及动作掌握的影响。
（7）讲解与示范结合的合理性及其对动作掌握的影响。
（8）材料内容、运动量安排、教学方法对幼儿学习的影响。
（9）教学过程中高级情感、意志和个性的发展与培养。
（10）引导幼儿巩固新知识的方式方法。
（11）分组练习中幼儿的自觉性、自律性与创造性表现。

3. 集体体育教学结束部分

材料内容、运动量安排、教学方法对幼儿身心的影响。

除上述内容外,教学过程中,教师应持续观察和分析幼儿的学习态度、注意力、组织纪律性,以及教学环境对幼儿心理活动的影响。

三、集体体育教学活动观摩分析的步骤

1. 集体体育教学准备部分

(1)掌握理论基础:熟悉相关的专项理论和体育、教育学、心理学知识。
(2)了解教学内容:明确本次教学活动的具体内容和要求。
(3)班级与教师情况:掌握班级特点、幼儿的身体条件、技能水平、思想状况和纪律性。
(4)研究教案:深入分析教案中的目标、程序和方法的合理性。

2. 集体体育教学基本部分

(1)观察记录:详细记录观察到的情况,确保记录的全面性和真实性,避免主观筛选。
(2)教师行为观察:关注教师的言语、表情、动作以及这些因素如何影响幼儿的行为反应。
(3)教学方法影响:观察教学方法对幼儿生理和心理活动的影响,并分析其规律性。
(4)时间记录:记录活动的总时长以及幼儿实际参与身体练习的时间。

3. 集体体育教学结束部分

(1)补充材料:根据需要补充相关资料,通过回忆整理课堂上可能遗漏的内容。
(2)记录整理:系统整理观察记录,进行分析归纳,形成书面分析材料。
(3)生理分析:课后分析应包括生理层面的讨论,如心率、面色等生理指标的测量和分析。

四、集体体育教学活动观摩分析案例

| 《有趣的梯子》观摩分析 ||
活动案例	活动评析
活动目标: 1. 体验手脚在竹梯上协调攀爬、发展幼儿的攀爬能力和平衡协调能力。 2. 体验在竹梯上勇敢攀爬的乐趣。 活动准备: 竹梯3架,轮胎若干,塑料滚动棒少许。 活动材料说明: 平地小桥:竹梯直接放置于地面供幼儿在上面行走。 斜桥:竹梯一端下方放置轮胎,另一端置于地面,使竹梯倾斜。 悬空桥:竹梯两端下方放置轮胎,使竹梯悬空,搭成桥。 滚动小桥:竹梯下方平均置放塑料滚动棒若干,竹梯可以前后滚动。	在讲述活动目标时,叙述的主体不一致。"体验"是幼儿主体,"发展幼儿"是教师主体,目标还可以更全面地概括活动中体验的幼儿发展的价值。 建议修改为: 1. 通过攀爬竹梯的活动,协调手脚间的配合,发展攀爬和平衡能力。 2. 通过难度设置的变化,寻找各种适合自身的策略,帮助自己完成练习动作。 3. 不断提高对自己能力判断的水平,选择适宜的难度系数,并体验完成挑战后的喜悦。

活动过程:

一、开始部分

在场地中走步,听音乐做准备动作。

二、基本部分

难度设置:场地中提供三组平地小桥。

终点

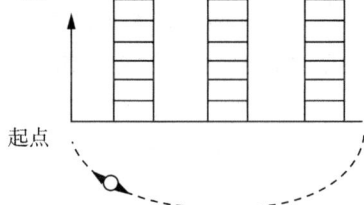

起点

要求幼儿:在竹梯上自由练习,不要与自己前后练习的幼儿发生冲突;选择三组中人数较少的一组练习。

教师指导:教师讲解游戏要求,移动路径在三组小桥的起点处,调整排队情况。

1. 难度设置

在活动起始阶段,幼儿首先需掌握游戏的方法和规则。难度设置应从基础水平开始,为此提供三组平地小桥供幼儿自由体验,并练习竹梯攀爬技巧,熟悉活动规则。

幼儿角色与自由度:

幼儿在竹梯上行走的自由度体现在动作选择上。他们可以选择直立行走、蹲行或爬行;在竹梯两侧的支撑柱或横杠上行走,甚至跨越横杠逐步前进。

教师角色与职责:

活动初期,教师应设置较低难度,降低风险,允许幼儿自由练习和体验。

教师的主要活动路径应在三组游戏的起点处,关注幼儿分组的分配情况,对拥挤的队伍进行疏散,并指导幼儿进行自我反思,培养自我调控能力。

2. 幼儿尝试挑战阶段

设施设置:

斜桥下垫置一个轮胎,以增加难度(括号内数字表示垫轮胎的数量)。

难度递增设置为:平桥、斜桥、悬空桥、滚动桥,竹梯下垫置轮胎数量随之增加。

新增难度最大的练习内容安排在中间一组,而滚动桥特别设置在第三组。

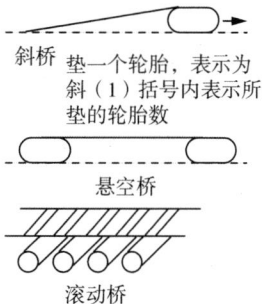

斜桥　垫一个轮胎,表示为斜(1)括号内表示所垫的轮胎数

悬空桥

滚动桥

难度设置:

	平	平	平
第一次	平	斜(1)	平
第二次	斜(1)	悬	平
第三次	斜(1)	斜(2)	悬
第四次	斜(2)	斜(3)	悬
第五次	斜(2)	斜(3)	滚

幼儿要求:

幼儿应自主选择适合自己能力的练习材料,并有序进行活动。

教师指导:

主班老师需关注整体活动,同时特别关注新增难度的组别。

配班老师应提供个别指导,特别是针对动作技能发展较慢的幼儿。

三、结束部分 听音乐做放松动作。	活动评析 　活动结束后,教师带领幼儿缓慢放松,渐渐恢复至平衡状态,同时做擦汗穿衣等卫生保健工作。

总体评析

本活动具有以下几个特点:

1. 自主选择与自我调控

教师将活动调控权交给幼儿,赋予他们充分的信任。幼儿在自我评估的基础上选择适合自己的活动方式和材料,并自行协调全班幼儿的活动秩序。这一过程中,幼儿不断提升自我认知能力,并学习遵守集体活动中的配合原则。

2. 适度挑战与逐步适应

教师精心安排难度递增的材料,并在引入新材料的同时保留旧材料。这种渐进式的难度设置既能激发幼儿的挑战欲望,又能保持他们对活动的热情。对于那些技能发展较慢的幼儿,这种设置也提供了一个逐步适应的空间。

3. 安全指导与个别关注

教师在活动中应特别注意自己的站位,确保在保障幼儿人身安全的同时,能够给予幼儿最有效的指导。教师需要关注每个幼儿的活动情况,特别是那些自信心强但可能粗心的幼儿,以及那些技能发展较慢或需要额外鼓励的幼儿。

活动设计并执教:南京游府西街幼儿园

活动评析:南师大教科院 2000 级学生　程琳　许妮娜

附录 学前儿童体育教育活动案例

一、体适能活动案例

活动案例 1：手指变变变

活动对象

2—3 岁幼儿亲子活动

活动导入

绘本《十个手指头和十个脚趾头》

教师：大家也跟着绘本一起把自己的手伸出来，数一数自己的手指头。

主题游戏

手指数字游戏基本玩法：

（1）教师指导幼儿按照顺序用手比画 0—9。

（2）教师说数字，幼儿用手比画出正确的动作。

变换游戏

手指变变变

教师教一句，摆一个动作，幼儿模仿

一根手指头呀（双手握拳食指伸直），变呀变呀变呀（两手手指对绕），变成毛毛虫呀，爬呀爬呀爬呀（食指动一动做虫子蠕动的样子，可以从腿爬到头上）。

二根手指头呀（双手握拳食指中指伸直），变呀变呀变呀（两手手指对绕），变成小白兔呀，跳呀跳呀跳呀（食指中指放在头上，作小白兔跳动样子）。

三根手指头呀（双手握拳食指中指无名指伸直），变呀变呀变呀（两手手指对绕），变成小花猫呀，喵喵——（双手三根手指放在嘴前作拉动胡须状）。

四根手指头呀（双手握拳食指中指无名指小指伸直），变呀变呀变呀（两手手指对绕），变成小螃蟹呀，爬呀爬呀爬呀（双手四指弯曲，手心向下，左右晃动）。

五根手指头呀，变呀变呀变呀（两手手指对绕），变成小蝴蝶呀，飞呀飞呀飞呀（双手手臂打开扇动）。

（最后一句可以变化，如：五根手指头呀，变呀变呀变呀，变成大老虎呀，啊呜——五根手指头呀，变呀变呀变呀，变成大红花呀，摇呀摇呀摇呀）

升华游戏

（1）教师拿出数字卡片，让幼儿去踩相同的数字垫。

（2）将数字垫或者数字卡片放在终点处，教师拿一张卡片，让幼儿去终点找相同的卡片，如果找的不一样，要停下来听一听幼儿为什么会拿错，并引导幼儿区分数字之间的差距。

放松与反思

（1）拉伸运动。

（2）总结活动内容（幼儿总结自己活动过程中哪里做得好，哪里还可以做得更好）

拓展

家长和幼儿一起摆数字，拍照

归位

归还器材

活动案例2：数字火车

活动对象

小班幼儿

活动目标

（1）初步掌握匍匐爬、手膝爬、手脚直立爬、同手同脚爬等动作；

（2）能够区分0、1、2三个数字；

（3）对参加体育运动感兴趣，初步建立合作理念。

活动准备

绘本《喜欢5的公主》、数字卡片若干、山洞4个、呼啦圈6个、标志桶4个、平衡垫、平衡木、小栏架

活动导入

教师讲述绘本故事《喜欢5的公主》。

教师：大家都说一说喜欢什么数字，为什么？小朋友们看一看我们现在身边有哪些数字，大家找出来。

主题游戏

钻爬数字山洞

游戏规则：教师在起点处放置标志物，后将数字贴到"山洞"（钻圈）上，按照数字顺序将"山洞"随意摆放在跑道上。幼儿需从起点出发，按照数字顺序依次爬行（手膝爬、肘膝爬、"熊爬"等）通过，到达终点后返回起点。

变换游戏

(1)跳跃后钻山洞

在主题游戏的基础上,在"山洞"前方加入呼啦圈。从起点开始,先跳跃过呼啦圈,后通过数字山洞,到达终点后返回起点。

(2)在变换游戏1的基础上,幼儿两两分组,面对面双手贴双手钻"山洞"(手不能分离)。

(3)幼儿自己发挥,两人身体任意位置贴在一起钻山洞(教师语言引导)。

升华游戏

(1)教师拿出数字的卡片,幼儿根据数字卡片的样子,用身体模仿数字。

(2)数字搬运

教师在终点放置数字卡片,如1、2、3、4、5。幼儿分组排队进行游戏,第一位幼儿需跑到终点按照数字顺序拿取一张数字卡片1,后跑回起点放到指定位置。下一位幼儿则需跑到终点拿取数字卡片2,跑回起点,摆放到数字卡片1后,以此类推,看哪组能最快按照顺序搬完。

(3)数字迷宫

教师在跑道上摆放用器械摆成的数字,幼儿需从1号数字开始出发,依次按照数字顺序通过(通过方式幼儿自行想象)。

放松与反思

1. 拉伸运动。

2. 总结活动内容,邀请幼儿展示活动中学到了什么。

归位

归还器材

活动案例3:走数字

活动对象

中班幼儿

活动目标

(1)能够跟随教师按照数字的书写方式行走;

(2)初步掌握自然走、垫脚走、快速走等动作;

(3)身体协调能力得到锻炼和提升。

活动准备

数字卡片、数字垫、沙包、标志桶

活动导入

教师讲述绘本故事《杂乱无章的数字》。

教师:小朋友们,大家看一看我们现在身边有哪些数字,我们一起找出来。

主题游戏

走数字

游戏规则:教师将幼儿分成若干组,将数字告诉排头的幼儿,让他用走路的方式走出数字形状,其他队员猜,猜中则换下一个幼儿游戏。

幼儿可以观察教师行走路线猜数字,也可由幼儿自行规定数字并走出其路线,其他幼儿猜中即换人,锻炼幼儿动脑思考,手脚协调性。

变换游戏

规则不变,猜到数字的幼儿需跑到指定地点将数字垫拿到"走数字"的幼儿的面前。

升华游戏

1. 数字蹲

游戏规则:幼儿站成一排,1、2、3循环报数,每个幼儿记住自己的号码,教师随机报数字,被报到数字的幼儿要迅速做蹲起。

2. 数字抱团

游戏规则:幼儿绕跑道走圈,教师随机报数字,相应数量的幼儿抱在一起,如教师报数字3,则3个幼儿要抱在一起。

3. 踩数字

游戏规则:教师喊数字,幼儿找到带有一样数字的垫子,站上去。

放松与反思

(1)拉伸运动。

(2)总结活动内容,邀请幼儿展示活动中学到了什么。

归位

归还器材

活动案例4:数字天平

活动对象

大班幼儿

活动目标

(1)掌握摆臂踏步的动作;增强协调能力和平衡能力;

(2)能在游戏的情境中用简单的加法运算参与游戏;

(3)喜欢运动,乐于和同伴分享。

活动准备

绘本《数字在哪里》、数字垫、气球、数字卡、绳梯

活动导入

教师讲述绘本故事《数字在哪里》。

主题游戏

数字踏步

游戏规则:幼儿原地高踏步,做游戏准备,教师发布数字指令,幼儿迅速踏至指定的数字垫上,而后迅速返回原点位。幼儿对游戏活动熟悉后,可增加难度,闭眼踏步。教师可将幼儿分成两组,组内幼儿接力"九宫格踏步",看哪一组先全部完成活动任务。

变换游戏

数字天平

每个幼儿身贴数字卡片,代表不同的数字。幼儿需要自行分组,使得天平两侧的幼儿的数字相加起来和相等,天平能够保持平衡。

升华游戏

1. 顶气球

游戏规则:气球吊在空中,标明不同数字,当教师喊出规定数字时,由相应数字的幼儿将该数字气球顶到对面。

2. 数字汉诺塔

游戏规则:幼儿分成 2 组,起点和终点之间摆绳梯,每组幼儿在起点处拿一个数字,然后经绳梯跳到终点,两人猜拳,获胜方将数字垫留下,失败方原路返回将数字垫放回起点,规定时间游戏结束后,计算终点处的数字垫上数字之和,看哪组最后的得数大。

拓展

用身体摆出 1—10,教师拍照留念。

归位

归还器材

二、体育游戏活动案例

(一) 徒手游戏

游戏案例:过河夺将(黑马黑羊)

游戏方法

(1) 将区域划分为游戏区和安全区,游戏区对半划分为"黑马区"和"黑羊区"。幼儿分为两组,一组为"黑马"组,一组为"黑羊"组。准备时,两组各站在相应的区域内做准备。

(2) 教师发布开始指令,黑马组幼儿需要跑到黑羊区抓住黑羊组幼儿,被抓住的幼儿淘汰,黑羊组幼儿全部由游戏区跑到安全区或被淘汰时,游戏结束。

(3) 几轮游戏后,双方可交换角色。

游戏场地

此项游戏活动量较大,应选择室外较大的场地或草坪进行互动,如果场地大小不满足条件,也可将跑的动作改为爬或跳来代替。

游戏注意

幼儿必须根据教师的口令奔跑,追赶时不得推搡。

(二) 报纸游戏

游戏案例:纸衣人

游戏方法

(1) 幼儿站在起点,将报纸铺在胸前,快走或跑至终点,要通过速度带动风的阻力使报纸不掉落。

（2）将幼儿分成几组，进行接力比赛，看哪一组最先完成。

游戏场地

开阔平坦的场地。

游戏注意

（1）跑的过程中报纸不能掉落，也不能用手扶或拿。

（2）掉落时需从掉落点捡起报纸重新铺在胸前再进行游戏。

（三）大龙球游戏

大龙球是大直径的软质塑料球，幼儿对大球比较好奇，大龙球有一定重量且体积较大，做一般碰撞游戏时效果较明显。大龙球的规格一般为直径 80 厘米、直径 90 厘米和直径 120 厘米三种。大龙球在不使用时可放空气后收纳，收纳时应避免在阳光下曝晒，以免塑料变质而导致损坏。

游戏案例：滚动地球

游戏方法

（1）幼儿分三组进行游戏。

（2）用手推大龙球的方式前进到目的地后，再折返推回来换人继续游戏。

游戏场地

开阔平坦的场地。

游戏注意

（1）幼儿身体不能太靠近球，否则容易被球带着滚翻。

（2）双手推大龙球时，力气不宜过大。

（3）幼儿要控制大龙球滚动的方向。